Eine Veröffentlichung von AMORC - Die Rosenkreuzer
Der Alte und Mystische Orden vom Rosenkreuz

1. deutsche Auflage 2012

Französische Erstausgabe: Christian Bernard, Réflexions rosicruciennes. Diffusion Rosicrucienne, Chateau d'Omonville, Le Tremblay, Frankreich 2010



AMORC
Lange Str. 69
D-76530 Baden-Baden

www.amorc-buecher.de

bav@amorc-buecher.de

ISBN 978-3-925972-28-7

# Rosenkreuzerische Reflexionen

Christian BERNARD

*Für Hélène,*
*Halt meiner Seele,*
*mit herzlichem Dank*
*für ihre bedingungslose Unterstützung*
*während der vergangenen vierzig Jahre*

## Vorwort

Vor zwanzig Jahren, genauer gesagt, am 12. April 1990, baten mich Mitglieder und alle Großmeister des Obersten Rates vom Alten und Mystischen Orden vom Rosenkreuz, die Präsidentschaft des Internationalen Vorstands zu übernehmen, und gleichzeitig die Aufgabe als Imperator. Da die Umstände, die dazu führten, dass mir dieses Amt angeboten wurde, plötzlich und unvorhersehbar gewesen waren, musste ich in den ersten drei Jahren meiner neuen Tätigkeit auch das Amt als Großmeister der französischsprachigen Jurisdiktion von AMORC beibehalten, das ich seit 1977 inne hatte.

Zwei Jahrzehnte sind vergangen, die bedeutungsvolle und notwendige Änderungen für die Bruderschaft der Rosenkreuzer mit sich gebracht haben. Eines meiner Ziele war, das internationale Ansehen des Ordens zu stärken, und ich glaube, dazu habe ich mit ganzer Kraft beigetragen. Ich kann nicht in wenigen Sätzen alles niederschreiben, was in den letzten zwanzig Jahren geschehen ist. Die Ereignisse waren unterschiedlich und vollzogen sich auf verschiedenen Gebieten, aber sogar die Schwierigkeiten haben uns weiter gebracht.

Nun, ich kann noch einmal zurückblicken, weiterleben, die Gegenwart aufbauen und mir voller Hoffnung die Zukunft vorstellen, obwohl es nicht an mir ist, dafür Entscheidungen zu treffen. Es wird nicht mehr lange dauern, bis ich zustimmen muss, nicht etwa AMORC zu verlassen, den Orden, dem ich mich bis zu meinem letzten Atemzug zugehörig fühlen werde; doch ich muss zustimmen, die Fackel weiterzugeben. Aber bevor dies geschieht, möchte ich einiges zusammenfassen, was ich bisher geschrieben habe, einerseits für unsere Archive, und andererseits, weil ich schon oft darum gebeten worden bin, dies zu tun.

Dieses Buch repräsentiert also meine Gedanken und Ideen als Rosenkreuzer. Einige der Texte sind kurz, andere länger; der jeweilige Stil hängt ab von den Umständen und der Bedeutung ihrer Publikation. Es ist möglich, dass Texte bereits anlässlich von Rosenkreuzer-Versammlungen vorgetragen worden sind, dass sie aber nicht publiziert wurden, oder sie können auch in unserem Rosenkreuzer-Magazin erschienen sein, oder in einem meiner Briefe, die ich in jedem Jahr an alle Mitglieder von AMORC in der ganzen Welt verfasse.

Ich habe die Artikel etwas angepasst, so dass sie ein größeres Publikum erreichen. Natürlich musste ich auch sorgfältig auswählen, denn einige Texte wären für ein Buch nicht geeignet gewesen, und es ist meine Pflicht, den „esoterischen" Anspruch von AMORC zu bewahren, ebenso wie unsere Rituale und einige andere Dinge. Dieses Buch war deshalb für einige meiner Schriften nicht geeignet. Das erste Kapitel ist ein Interview, das ich vor einigen Jahren Journalisten gegeben habe, und es soll für diejenigen unter Ihnen, die über AMORC nur wenig oder gar nichts wissen, als Einführung dienen.

Ich habe nie behauptet, besonders gut zu schreiben, und habe auch nie geglaubt, dass meine Ideen die Welt verändern könnten, nicht einmal, dass meine persönlichen Überlegungen so viele Menschen interessieren würden. Wenn ich mehr Zeit darauf verwendet hätte, Bücher zu schreiben, hätte ich vielleicht einige als Teil der Rosenkreuzer-Bücherei veröffentlichen können. Aber meine wichtigste Aufgabe war, meine Zeit und meine schriftstellerischen Aktivitäten AMORC zu widmen; dazu gehörte auch die Korrespondenz mit den Mitgliedern, Kontakt zu den Logen und zu den Großmeistern zu halten, der allgemeine Wiederaufbau des Ordens und seine Unterrichtstätigkeit. Ebenso die Überwachung neuer AMORC-Einrichtungen, viele Versammlungen und zahlreiche notwendige Reisen, die mit meinem Amt verbunden sind.

Geburtstage bieten oft die Chance, eine Bestandsaufnahme vorzunehmen, nach innen zu schauen und Entscheidungen für die Zukunft zu treffen. Ich hoffe deshalb, dass ich weiterhin genügend Kraft haben werde, um noch einige Jahre meinen Aufgaben nachzukommen, während ich darauf warte, dass jemand anderes meinen Platz einnimmt.

Meine lieben Leser und Freunde, dass Sie dieses Buch in Händen halten, bedeutet, dass Sie aus dem einen oder anderen Grund an den Rosenkreuzern interessiert sind. Ich möchte Sie ermutigen, sich mit dieser philosophischen und humanistischen Bewegung zu beschäftigen; und warum sollten Sie nicht - wenn Sie es nicht schon getan haben - das Tor durchschreiten, in aller Freiheit Ihres Denkens.

Ich selbst habe mich vor 44 Jahren dazu entschlossen, und ich habe es nicht bereut. Ich bin und bleibe überzeugt, dass die Ideale vom Rosenkreuz, die AMORC verbreitet, eine bemerkenswerte Lebensgrundlage darstellen und einen Weg zu Wissen und Weisheit, der nicht hoch genug eingeschätzt werden kann.

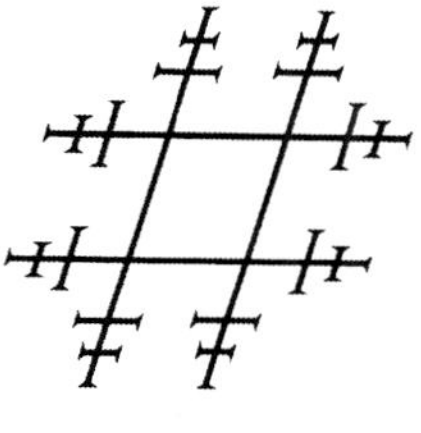

Omonville,
12. April 2010

Christian BERNARD
Imperator

## Interview

A.M.: Christian Bernard, Sie sind zurzeit der Imperator, also weltweit die oberste Instanz von AMORC, wobei der Orden als Erbe der authentischen Tradition vom Rosenkreuz angesehen wird. Ihr Orden sieht seine Anfänge in den Mysterienschulen des alten Ägypten. Was genau ist damit gemeint?

C. B.: Zunächst möchte ich darauf hinweisen, dass die Geschichte von AMORC von zwei Seiten betrachtet werden muss: Die traditionelle Überlieferung, die nur mündlich weitergegeben worden ist und nicht bewiesen werden kann, ist das eine. Der historische Aspekt, der durch archivierte Dokumente nachgewiesen werden kann, das andere. Tatsächlich sieht AMORC, soweit es die traditionelle Überlieferung angeht, seine Ursprünge in den Mysterienschulen des alten Ägypten. Die meisten Historiker und Ägyptologen sind sich heute darüber einig, dass es diese Schulen gegeben hat, in denen, wie der Name sagt, die Geheimnisse des Universums, der Natur und der Menschheit studiert worden sind.

Nach allem, was wir wissen, waren einige Pharaonen an diesen Schulen beteiligt oder haben sie sogar manchmal geleitet, wie zum Beispiel Amenhotep IV., der unter dem Namen „Echnaton" bekannter ist und der als Erster den Monotheismus zur Staatsreligion ausgerufen hat. Wie auch immer die Zusammenhänge sein mögen, man kann nicht bestreiten, dass Ägypten die Wiege nicht nur der Naturwissenschaften ist (Medizin, Astronomie, Geometrie usw.), sondern auch die Wiege der „heiligen" Wissenschaften, Esoterik eingeschlossen.

Es ist tatsächlich so, dass viele Arbeiten vergangener Jahrhunderte den Beginn einer fundamentalen Tradition darstellen, nämlich der Vorstellung, dass Gott bestimmten Auserwählten absolutes Wissen vermittelt hat, und dass dieses über eine Reihe von Initiaten weitergegeben wurde: Hermes Trismegistos, Moses, Zarathustra, Orpheus, Pythagoras, Jesus...

A.M.: Sie haben gerade Pythagoras genannt. Man sagt, er habe in den ägyptischen Mysterienschulen studiert; ist das richtig?

C. B.: Das ist richtig. Er hat dort fast zwanzig Jahre gelernt, bevor er in sein eigenes Land zurückgekehrt ist und dort die berühmte Schule von Kroton gegründet hat. Aber er war nicht der Einzige. Auch Solon, Thales, Demokrit, Platon, Plutarch, Jamblichus und viele andere griechische Denker waren in die ägyptischen Mysterien eingeführt, und diese wenigen Beispiele zeigen, dass Ägypten die Quelle ungewöhnlicher Weisheit gewesen ist. Diese Weisheit, oder „Gnosis", wurde dann weitergetragen, und zwar über Griechenland, das alte Rom und, im Mittelalter, von den Weisen der arabischen Welt. Erst in der Renaissance, nachdem Konstantinopel gefallen war, kam sie nach Europa.

A. M.: Der Ursprung der Rosenkreuzer in Ägypten ist also kein Mythos?

C. B.: Nein. Ich muss aber dazu sagen, dass Ägypten nicht die einzige traditionelle Quelle der Rosenkreuzer ist. In „Silencium post clamores" weist Michael Maier, ein berühmter Rosenkreuzer aus dem 17. Jahrhundert, darauf hin, dass brahmanische, eleusinische, pythagoreische, persische und arabische Mysterien die Rosenkreuzer-Tradition beeinflusst haben. Ich glaube ernsthaft, dass die Rosenkreuzer die wichtigsten Gedankenströme der Menschheit in Ost und West zusammengeführt haben. Der lebendige Beweis ist der Inhalt dessen, was AMORC lehrt.

A.M.: Einige Historiker, die sich mit Esoterik beschäftigen, ich denke besonders an Serge Hutin, betonen, dass die Alchymie Einfluss auf die Rosenkreuzer ausübte. Waren die Rosenkreuzer Alchymisten?

C. B.: Die Alchymie führt zurück in das alte Ägypten, aber in Europa wurde sie von griechischen und arabischen Alchymisten eingeführt, wo sie besonders im Mittelalter großen Anklang fand. Entgegen der allgemeinen Annahme waren die Ausübenden in dieser Zeit nicht isolierte Sucher. Die meisten gehörten geheimen Organisationen an, und besonders einer, die sich im 17. Jahrhundert „Orden vom Rosenkreuz“ nannte. Insofern hatte Alchymie tatsächlich einen Einfluss auf die Gruppe, deren Mitglieder sich später als „Rosenkreuzer“ bezeichneten. Im selben Zusammenhang ist es wissenswert, dass einige Alchymisten vom 17. Jahrhundert an das Endstadium des „großen Werkes“ durch eine geöffnete rote Rose symbolisierten.

A. M.: Geht, streng genommen, der Ursprung der Rosenkreuzer tatsächlich bis in das 17. Jahrhundert zurück?

C. B.: Ja. Dass die Rosenkreuzer allgemein bekannt wurden, geschah wahrscheinlich durch die Veröffentlichung von drei berühmten Manifesten: der ‘Fama Fraternitatis’ (1614), der ‘Confessio Fraternitatis’ (1615) und der ‘Chymischen Hochzeit des Christian Rosenkreutz’ (1616). Wie Antoine Faivre bestätigt, ein Historiker, der sich mit Esoterik auskennt, hat die westliche Tradition, als Erbe der ursprünglichen Tradition, im 17. Jahrhundert, als sich die Rosenkreuzer formierten, ihre historische Wiederbelebung erfahren.

A. M.: Ist es richtig, dass das Wort „Rosenkreuz“ und das entsprechende Symbol in dieser Zeit auftauchten?

C. B.: Es ist tatsächlich möglich, sogar wahrscheinlich, dass der Ausdruck „Rosenkreuz" und das Symbol bereits während der vorausgehenden Jahrhunderte verwendet wurden. In seiner Arbeit „Liber resurrectione et corporum glorificatione" erwähnte Paracelsus schon im Jahre 1533 die Symbole „Rose und Kreuz". Es scheint auch so zu sein, dass bereits im 13. Jahrhundert Arnaud de Villeneuve sie in seinem Werk „Rosario Philosophorum" erwähnt hat. Wahrscheinlich ist dies die historisch älteste Erwähnung des Rosenkreuzes.

A. M.: Einige Historiker behaupten, dass die Manifeste der Rosenkreuzer schon vor dem Datum, das Sie uns genannt haben, zirkulierten. Was sagen Sie dazu?

C. B.: Das ist durchaus möglich. Wie aus einem Brief von Adam Haselmayer hervorgeht, der in der Fama veröffentlicht wurde, hat das erste Manifest als Manuskript 1610 in Tirol zirkuliert. Wie auch immer, die „offizielle" Publikation der drei Manifeste hatte enorme Auswirkungen. Wussten Sie, dass nach ihrer Veröffentlichung Hunderte von Büchern über die Rosenkreuzer publiziert wurden? W. E. Peuckert hat ungefähr 400 Titel gezählt, allein zwischen 1614 und 1620.

A. M.: Die „Fama Fraternitatis" bezeichnet Christian Rosenkreutz als den Begründer des Ordens vom Rosenkreuz. Wie sehen Sie das?

C. B.: Wenn man die „Fama" liest, wird klar, dass es sich um einen symbolischen Text handelt. Die Rosenkreuzer von heute sehen dies genauso und Christian Rosenkreutz als eine allegorische Persönlichkeit. Deshalb kann man nicht sagen, dass er der Gründer des Ordens vom Rosenkreuz ist. Tatsächlich bestand der Orden bereits lange Zeit, wie ich vorhin erklärt habe, aber noch nicht unter diesem Namen, zumindest nicht offiziell.

A. M.: Weiß man genau, wer im 17. Jahrhundert der Autor, oder die Autoren, von den drei Manifesten der Rosenkreuzer waren?

C. B.: Harvey Spencer Lewis, Imperator von AMORC 1915-1939, glaubte, dass die Manifeste von Francis Bacon stammten, dem Autor von „Neues Atlantis“. Heutige Historiker jedoch stimmen darin überein, dass sie einer Gruppe von Rosenkreuzern zuzuordnen sind, dem „Tübinger Kreis“. Ihm gehörten etwa zwanzig Personen an, unter ihnen Johann Valentin Andreae, Tobias Hess, Christoph Besold und Johann Arndt. Sie alle waren begeisterte Alchymisten und beschäftigten sich mit der Kabbala und mit christlicher Mystik. Daher waren die Manifeste wahrscheinlich eine Gemeinschaftsarbeit. Wie viele andere glaubt dies auch Roland Edighoffer, ein Spezialist auf dem Gebiet der Rosenkreuzer-Geschichte.

A. M.: Könnten Sie uns einige bekannte Leute nennen, die in der Geschichte der Rosenkreuzer ihre Spuren hinterlassen haben?

C. B.: Sie sind sehr zahlreich. Am schnellsten fallen mir Robert Fludd ein, Francis Bacon, Elias Ashmole und Michael Maier, den ich bereits erwähnt habe. Außerdem Comenius, Cagliostro, Descartes und erst kürzlich Erik Satie, Claude Debussy, Nicholas Roehrich und Francois Jollivet Castellot. Auch heutzutage sind bekannte Leute Mitglied bei AMORC, aber es ist nicht meine Aufgabe, Ihnen zu sagen, um wen es sich handelt.

A. M.: Der augenblickliche Zyklus von AMORC begann 1909, in der Zeit, als Harvey Spencer Lewis den Orden vom Rosenkreuz in den Vereinigten Staaten wiederbelebte. Wo erhielt er seine Initiation, und von wem?

C. B.: H. Spencer Lewis begann sich für Esoterik schon in einem sehr frühen Alter zu interessieren. Mit 19 Jahren fing er an, zu dem Thema „paranormale Fähigkeiten“ Untersuchungen anzustellen. Dann wandte er sich der Philosophie zu und den sogenannten „okkulten“ Wissenschaften. Im Jahre 1907 traf er eine Dame, die ihm von den Rosenkreuzern erzählte. Es war May Banks Stacey, und sie gewann sein Interesse. Er begann dann, eine lange Zeit nach den Rosenkreuzern zu suchen, und sein Weg führte ihn auch 1909 nach Toulouse in Frankreich, wo er in den Orden aufgenommen wurde.

A. M.: Wo fand seine Initiation statt?

C. B.: H. Spencer Lewis traf die Person, die ihn mit den Verantwortlichen des Ordens in Frankreich zusammenbrachte, als er sich in der Halle der Berühmtheiten im Kapitol aufhielt. Unsere Nachforschungen haben ergeben, dass dieser Mittelsmann ein gewisser Lovis Lasalle gewesen ist. Die Initiation selbst fand in einem Schloss in der Nähe von Toulouse statt. Wir haben einige sehr interessante Dokumente in unseren Archiven, in denen über den Aufenthalt von H. Spencer Lewis in dieser Gegend berichtet wird, darunter auch einen Brief, den er am Tag nach seiner Initiation an seine Frau gesandt hat.

A.M.: Also gab es damals in Toulouse die Rosenkreuzer bereits?

C. B.: Ja. Tatsächlich spricht der Viscount von Lapasse persönlich schon 1860 von den „Rosenkreuzern, einer Geheimgesellschaft, von denen es heutzutage noch einige Eingeweihte gibt“. Im Jahre 1890 erfahren wir von Simon Brugall, dass der Viscount von Lapasse ein Schüler von Prinz Balbiani von Palermo war, und dieser ein Schüler von Cagliostro. Brugall sagt auch, dass Lapasse in Bayern von Nachfolgern des Barons von Eckartshausen initiiert worden sei. Aber, um auf H. Spencer Lewis zurückzukommen, er wurde in Toulouse nicht nur initiiert, sondern ihm wurde auch aufgetragen, den Rosenkreuzer-Orden auf dem amerikanischen Kontinent zu reaktivieren und die Lehren der Rosenkreuzer aufzuschreiben. Bis dahin wurden diese nur mündlich weitergegeben. Er erhielt die notwendigen Dokumente, Chartas und Aufzeichnungen. Trotz der Schwierigkeiten, die sich ihm entgegenstellten, hat er diesen Auftrag erfolgreich durchgeführt und sich ihm bis zu seinem Tod im Jahre 1939 ohne Unterlass gewidmet.

A. M.: Aber warum haben die Rosenkreuzer in Europa einem Amerikaner aufgetragen, den Orden wiederzubeleben? Konnte dies nicht auch in Europa geschehen?

C. B.: Man könnte sich vorstellen, dass die Rosenkreuzer in Europa den Ersten Weltkrieg vorausgesehen hatten und wussten, welches Durcheinander dadurch entstehen würde. Es zeigte sich, wie weise sie gewesen waren, H. Spencer Lewis vertrauensvoll die Akten des Ordens mitzugeben und dadurch zu vermeiden, dass sie in den Kriegswirren zerstört werden oder verloren gehen würden. Wie sich gezeigt hat, ist der Konflikt auf dem amerikanischen Kontinent ohne die Folgen geblieben, wie sie Europa erleben musste.

A. M.: Wie hat sich der Orden zu Beginn des 20. Jahrhunderts in Frankreich neu aufgestellt?

C. B.: Von 1909 an arbeitete H. Spencer Lewis daran, den Orden in den Vereinigten Staaten zu entwickeln, und fing an, die Lehren der Rosenkreuzer aufzuschreiben, indem er die Dokumente benutzte, die ihm die Rosenkreuzer in Frankreich anvertraut hatten. Als wieder Frieden war, hatte er alles vorbereitet, um den Orden in Europa wiederzubeleben. Also kam H. Spencer Lewis 1926 nach Frankreich und beauftragte einige französische Rosenkreuzer, von denen einige auch Freimaurer waren, mit der Aufgabe, Rosenkreuzer-Logen zu bilden, und dies geschah zwischen 1927 und 1928 in Paris und Nizza. Der erste Großmeister für den neuen Zyklus des Ordens in Frankreich, Hans Grüter, wurde übrigens aus der Rosenkreuzer-Loge in Nizza gewählt. Der Ausbruch des Zweiten Weltkriegs verursachte unglücklicherweise eine vorübergehende Auflösung des Ordens, auch die Vichy- Regierung verbot alle Aktivitäten des traditionellen Ordens. Und es kam noch schlimmer. Genau wie andere Minderheiten fielen auch die Rosenkreuzer jener Zeit den Nazis zum Opfer. Es gab sogar einige, die ihr Engagement für die Ideale der Rosenkreuzer mit dem Leben bezahlten. Erst am 1. Januar 1949 wurde AMORC in Frankreich wieder aktiv und entwickelte sich unter der Führung von Jeanne Guesdon weiter, die zum Großmeister ernannt worden war und dieses Amt bis zu ihrem Tod 1955 innehatte.

A. M.: Es gab also zu Beginn des Jahrhunderts Verbindungen zwischen den Rosenkreuzern und den Freimaurern. Ist dies noch heute der Fall?

C.B.: Zwischen diesen beiden Organisationen gibt es zweifellos traditionelle und historische Verbindungen. Darüber hinaus wurde H. Spencer Lewis zu den Freimaurern eingeladen, als er 1927 nach Frankreich kam, und zwar luden sie ihn zu einer Feier ein, die eigentlich nur für den 18. Grad (der Ritter des Rosenkreuzes) gedacht war. Wie wir aus einem Dokument in unseren Archiven wissen, wurde er mit allen Ehren, die seinem Amt zukamen, von Camille Savoire empfangen, dem Großmeister der großen Loge Ostfrankreichs, der ihn, nachdem er ihn im Namen aller anwesenden Brüder begrüsst hatte, bat, im Osten des Tempels Platz zu nehmen. Heutzutage gehen Rosenkreuzer und Freimaurer ihren Aktivitäten vollkommen unabhängig voneinander nach, was nicht ausschließt, dass Rosenkreuzer Freimaurer sein können und umgekehrt. Ebenso gibt es Rosenkreuzer, die Christen sind, oder Juden, Muslime, Buddhisten usw. AMORC ist für alle sozialen Gruppen offen und für jede religiöse Überzeugung. AMORC beschäftigt sich vor allem mit philosophischen Fragen.

P.R.: Leute, die sich für Esoterik im Allgemeinen interessieren, und insbesondere für die Rosenkreuzer, wissen, dass es AMORC gibt, aber tappen weitgehend im Dunkeln darüber, wie AMORC strukturiert ist, und wie es funktioniert. Können Sie uns darüber Einzelheiten mitteilen?

C. B.: Im Jahre 1909, etwa vor 100 Jahren, begann AMORC den augenblicklich laufenden Aktivitäts-Zyklus. Heute gibt es AMORC weltweit und, entsprechend den verschiedenen Sprachen, gibt es die einzelnen Jurisdiktionen, also deutsche, englische, spanische, französische, italienische, japanische, nordische, portugiesische und russische Jurisdiktionen, die sich traditionsgemäß „Großloge“ nennen und von einem Großmeister geleitet werden, der für jeweils fünf Jahre verlängerbar gewählt wird.

P. R.: Welche Aufgaben hat der Großmeister?

C. B.: Die Aufgaben des Großmeisters während seiner Dienstzeit bestehen darin, Briefe von Mitgliedern des Ordens zu beantworten, auf Wunsch Mitglieder zu Diskussionen einzuladen, die gesamte Arbeit der Loge zu kontrollieren, den Vorsitz bei Konferenzen von Rosenkreuzern zu übernehmen, und zwar bei nationalen wie auch bei regionalen Treffen, interne Seminare zu halten, die sich mit den Lehren der Rosenkreuzer beschäftigen, öffentliche Vorträge zu halten, philosophische Artikel zu schreiben oder vielleicht auch Bücher usw.

P. R.: Und welche Aufgaben haben Sie als Imperator?

C. B.: Zunächst muss man wissen, dass das Wort 'Imperator' bei AMORC nicht 'Herrscher' bedeutet, wie man vielleicht glauben könnte. Es kommt der Tradition gemäss aus dem lateinischen 'imperare sibi', was 'Meister des Selbst' bedeutet. So weit wir wissen, bezeichnete man am Ende des 17. Jahrhunderts mit diesem symbolischen Titel den höchsten Rang des Ordens vom Rosenkreuz.

Bevor ich vom Obersten Rat des AMORC in das Amt des Imperators berufen wurde, war ich Großmeister der französischsprachigen Jurisdiktion. Meine jetzige Aufgabe besteht darin, dafür zu sorgen, dass alle Großlogen funktionieren, und sicherzustellen, dass die traditionellen und verwaltungsmäßigen Regeln des Ordens weltweit korrekt angewendet werden. Ich stehe außerdem allen Großmeistern zur Verfügung, wenn sie bei ihrem Auftrag, den Mitgliedern zu dienen, Hilfe brauchen. AMORC baut nicht auf eine Personen-Hierarchie, sondern es gibt eine Hierarchie der Ämter. In der Vergangenheit ist es vorgekommen, dass ein Imperator oder ein Großmeister von ihren Posten entfernt worden sind, weil sie ihre Pflichten nur unzureichend erfüllt haben, oder weil sie nicht das geleistet hatten, was die Mitglieder von ihnen erwarteten. Die Leiter des Ordens beziehen aus ihrer Stellung keinen persönlichen Ruhm.

P. R.: Sie erwähnten den Obersten Rat: Worin besteht dieser?

C. B.: Der Oberste Rat von AMORC setzt sich aus allen Großmeistern und dem Imperator zusammen, wobei eine Gruppe mit Leuten verschiedener Nationalitäten gebildet wird. Mindestens einmal im Jahr findet auf einem der Kontinente ein Treffen statt mit dem Ziel, die Aktivitäten der Rosenkreuzer in jeder Jurisdiktion zu diskutieren. Während dieser Versammlungen werden auch gemeinsame Entscheidungen getroffen, die den allgemeine Betriebsablauf des Ordens betreffen.

P. B.: Manche Leute bezeichnen AMORC als „Geheimgesellschaft"; was würden Sie denen antworten?

C. B.: Dass sie falsch liegen. Es stimmt zwar, dass der Orden vom Rosenkreuz seine Aktivitäten in der Vergangenheit vollkommen geheim hielt, um seine Mitglieder vor religiöser und politischer Verfolgung zu bewahren. Aber seit dem Beginn des 20. Jahrhunderts hat sich AMORC in eine Organisationen verwandelt, die weder darauf aus ist, bei der Allgemeinheit Aufmerksamkeit zu erregen, noch versucht, seine Existenz zu verbergen. Darüber hinaus veranstaltet AMORC regelmäßig Vorträge, um Menschen, die an Philosophie und Spiritualität interessiert sind, zu erklären, was AMORC ist, und was es nicht ist.

P. R.: Wie sieht das typische Charakterprofil eines Rosenkreuzers aus?

C. B.: Es gibt keines. Da AMORC keine Religion ist, gehören zu den Mitgliedern Christen, Juden, Buddhisten, Muslime usw. und ebenso Leute, die keiner bestimmten Religion angehören. Da AMORC nicht politisch ausgerichtet ist, treffen sich hier Rosenkreuzer aller traditionellen politischen Richtungen. Da AMORC keine Rasse diskriminiert, vereint er Männer und Frauen aller Nationalitäten. Der Orden ist also eine weltweite

Bruderschaft, wobei schon deren Zusammensetzung den humanistischen Charakter seiner Ideale erkennen lässt. Jeder, der an Philosophie und Spiritualität interessiert ist, kann deshalb Mitglied werden.

P. R.: Wenn AMORC auch gegenüber allen Religionen offen ist, sind seine Lehren nicht doch etwas christlich ausgerichtet?

C. B.: Nein, die Lehren der Rosenkreuzer räumen weder Jesus oder dem Neuen Testament einen besonderen Platz ein, noch dem christlichen Glauben insgesamt. Allerdings wird in einem Grad des Ordens besonders auf die esoterischen Aspekte der großen Religionen, also auch auf die des Christentums, Wert gelegt. Dies erlaubt jedem Mitglied zu erkennen, wie diese Religionen sich alle aus einer gemeinsamen Wurzel entwickelt haben, nämlich der ursprünglichen Tradition. Außerdem wird in demselben Grad darauf hingewiesen, dass alle Religionen als Vehikel von Spiritualität respektiert werden können. Wenn man AMORC mit einer der großen heutigen Religionen vergleichen wollte, wäre es wahrscheinlich der Buddhismus, und zwar, weil der Buddhismus mehr eine Philosophie darstellt als eine Religion.

P. R.: Manche Leute glauben, dass AMORC eine Templer-Organisation ist; stimmt das?

C. B.: Nein. Wie ich schon gesagt habe, räumt AMORC dem Christentum keinen besonderen Platz ein, im Gegensatz zum Templer-Orden im Mittelalter. Hinzu kommt, dass AMORC nicht daran arbeitet, den christlichen Glauben zu schützen, was die meisten heutigen Templer-Bewegungen tun. Allerdings gibt es keinen Zweifel daran, dass in den Lehren der Rosenkreuzer esoterische Gedanken enthalten sind, welche den Initiaten der

Templer bekannt waren. Außerdem verfolgen die Rosenkreuzer ein ethisches Ideal, das dem der Ritter aus dem Altertum in der Hinsicht ähnelt, dass sie danach trachten, in ihrem Verhalten so tugendhaft wie möglich zu sein, wie der „Ritter vom Rosenkreuz" dieses ethische Ideal symbolisiert.

P. R.: Da AMORC weltweit tätig ist, bedeutet dies, dass die verbreiteten Lehren in der ganzen Welt gleich sind?

C. B.: Ja. In früheren Jahrhunderten wurden die Lehren der Rosenkreuzer nur mündlich weitergegeben, und zwar nur an Orten, die geheim gehalten wurden. Seit dem Anfang des 20. Jahrhunderts werden sie als Monographien, welche über zwölf Grade verteilt sind, an die Mitglieder verschickt, und zwar vier Monographien pro Monat. Jeder Rosenkreuzer liest also dieselben Monographien in der eigenen Sprache.

P. R.: Womit beschäftigen sich die verschiedenen Grade des Ordens?

C. B.: Diese Frage kann ich nicht in allen Einzelheiten beantworten. Man kann aber sagen, dass jedes Mitglied des Ordens von einem Grad zum nächsten in die wichtigsten philosophischen und mystischen Themen eingeführt wird: Der Ursprung des Universums, die Struktur der Materie, die Konzepte von Zeit und Raum, die Gesetze des Lebens, das Ziel der Evolution, die menschliche Seele und ihre Attribute, die Phasen des Bewusstseins, psychische Phänomene, die Geheimnisse von Geburt und Tod, die Zeit im Anschluss an das Leben und Reinkarnation, spirituelle Alchymie, traditioneller Symbolismus usw.

Ich sollte hinzufügen, dass parallel zu den geschriebenen Lehren, welche die Mitglieder nach Hause erhalten, in den Logen des Ordens die mündliche Tradition der Rosenkreuzer fortgeführt wird. Und die Mitglieder können dort hingehen und daran teilnehmen. Bei diesen Treffen wird über philosophische und mystische Fragen gesprochen.

P. R.: Gibt es bei AMORC Initiationen?

C. B.: Aber sicher. Dies ist genau der Grund, warum AMORC eine echte traditionelle und initiatische Bewegung ist. Es gibt bei AMORC zwölf Grade und auch zwölf Initiationen. Jede besteht aus einem symbolischen Ritual, dessen Ziel es ist, den Kandidaten in den neuen Grad aufzunehmen, den er sodann studieren wird. Natürlich ist nichts daran sektiererisch, dogmatisch oder okkult. Ich sollte auch darauf hinweisen, dass Initiationen nicht obligatorisch sind. Der wichtigste Initiator einer jeden Person ist ihr „Innerer Meister", gemeint ist die göttliche Seele in ihrem Inneren. Deshalb können Mitglieder des Ordens die Initiationen der Rosenkreuzer entweder zu Hause erhalten, indem jedes Ritual selbst durchgeführt wird, oder in einer Loge mit anderen Kandidaten in der traditionellen, reinen Form.

P. R.: Rosenkreuzer und Martinisten werden oft miteinander in Verbindung gebracht. Wie soll man darüber denken?

C. B.: Der Martinimus ist ein Gedankengebäude nach Louis-Claude de Saint-Martin, einem berühmten französischen Philosophen aus dem 18. Jahrhundert, dessen Lehren sich mit esoterischem Gedankengut aus jüdisch-christlichen Quellen beschäftigen. Daraus entstand der Martinisten-Orden, der 1889 von Papus und Augustin Chaboseau gegründet wurde. Im Jahre 1931 organisierte sich der Orden neu, und daraus entstand der „Traditionelle Martinisten-Orden", der heute in den AMORC integriert ist. Daher sind einige Rosenkreuzer auch Martinisten.

A. M.: Christian Bernard, wir kommen nun zum Ende unseres Gesprächs. Würden Sie gerne abschließend noch etwas sagen?

C. B.: Wie Sie sehen können, ist AMORC eine echte esoterische Organisation, deren Ursprünge sowohl historisch als auch traditionell sehr alt sind. Jetzt, zu Beginn des dritten Jahrtausends, sind die Lehren von AMORC weiterhin wichtig und verbreiten eine Philosophie, derer die Menschheit dringend bedarf. Deshalb ist jetzt vielleicht die Zeit gekommen, dass die Rosenkreuzer sich stärker bekannt machen sollten. Durch dieses Gespräch haben Sie mir die Chance dazu gegeben, und dafür danke ich Ihnen sehr herzlich.

## Spirituelle Alchymie

Spirituelle Alchymie ist für Mystiker im Allgemeinen und für Rosenkreuzer im Besonderen von großer Wichtigkeit. Diese Form der Alchymie stellt eine der Grundlagen von Philosophie dar und ebnet den Weg, dem wir folgen müssen, um unsere innere Entwicklung voranzutreiben. Darin nämlich besteht das große Werk, das jeder Mensch vollenden muss, um den „Stein der Weisen" zu entdecken, der im tiefsten Inneren jedes Einzelnen zu finden ist, und um sich selbst zu verwirklichen.

Materielle Alchymie, die man auch 'operative Alchymie' nennt, hat Wissenschaftler und Mystiker Jahrhunderte lang fasziniert. Ihre Grundlagen müssen auch für uns wegweisend bleiben, nämlich Umwandlung und Vervollkommnung, und damit die Entwicklung unseres Inneren Selbst. Während die operative Alchymie die niederen Metalle in Gold verwandelt, transformiert die spirituelle Alchymie unsere Seele. Bevor ich mit diesem Thema beginne, möchte ich Ihnen erklären, worin die materielle Alchymie besteht.

Das Ziel materieller Alchymie war im Prinzip, einfache Metalle, gewöhnlich Blei oder Zinn, in Gold zu verwandeln. Allerdings wurde diese Umwandlung nicht auf direktem Wege mit dem betreffenden Metall durchgeführt, sondern auf dem Umweg über eine „Materia prima", d.h. man benutzte ein Rohmaterial, das in einigen alchymistischen Schriften auch als „Steinmaterial" bezeichnet wird. Eine genaue Erklärung dieser Materia prima ist schwierig, weil die Beschreibungen verwirrend sind, und sie variieren auch von Autor zu Autor. Nach manchen Quellen bestand sie aus natürlich vorkommenden Mineralien, die sich hauptsächlich aus Schwefel, Salz und Quecksilber in bestimmten Mengenverhältnissen zusammensetzten. Es sieht so aus, als ob dieses Mineral selten war, und als ob nur die Alchymisten die Fundstellen kannten. Diese wurden natürlich streng geheim gehalten.

Wenn ein Alchymist die Materia prima beschafft hatte, gab er sie in ein Gefäß, das wegen seiner ovalen Form „philosophisches Ei" genannt wurde. Außerdem weist diese Bezeichnung darauf hin, dass die Alchymisten glaubten, die ganze Schöpfung sei aus einem universellen Ei entstanden, in welchem sie als latente Saat enthalten war. Anschließend wurde die Materia prima durch mehrere aufeinander folgende Schritte bearbeitet.

Im Verlauf der Prozeduren nahm sie verschiedene Farbschattierungen an, bis sie sich in ein rotes „Magma" verwandelte. Wenn die Masse abkühlte, entstand ein großer Stein gleicher Farbe: „Der Stein der Weisen". Nach diesem Stein wurde die Versuchsreihe mit dem Ziel, Gold zu gewinnen, das „Rote Werk" genannt. Ein ähnlicher Prozess, der auch aus mehreren Schritten bestand und darauf aus war, Silber, gewöhnlich aus Eisen, herzustellen, wurde mit der Bezeichnung „Weißes Werk" beschrieben.

Der letzte Schritt des großen Werkes bestand darin, den „Stein der Weisen" in ein vollkommen homogenes Pulver zu verwandeln. Der Alchymist gab dieses Pulver dann in eine Form mit dem zuvor geschmolzenen Metall, und wenn diese zwei Stoffe einander berührten, entstand Gold.

Dies war im Wesentlichen das Prinzip materieller Alchymie. Man muss dazu wissen, dass es zwei verschiedene Methoden der Durchführung gab. Die erste, die als „feuchte Methode" bezeichnet wurde, bestand hauptsächlich aus der Herstellung von Lösungen, die anschließend destilliert wurden. Dies dauerte mehrere Wochen oder sogar Monate, und man brauchte Retorten und Destillen dafür. Die zweite nannte man „trockene Methode“. Sie bestand aus Erhitzen und Verbrennen, wobei Öfen und irdene Schmelztöpfe verwendet wurden. Diese zweite Methode war die schnellere von beiden, aber sie war auch gefährlicher, denn manchmal kamen Explosionen vor. Daher wurden Alchymisten gelegentlich bei ihrer Arbeit verletzt, oder, wenn es ganz schlimm kam, starben sie auch.

Wir wissen, dass Alchymisten in besonderen Laboratorien arbeiteten, die nur für diesen einen Zweck benutzt wurden. Diese Labors befanden sich meist in Kellern oder auf Dachböden, jedenfalls in Gebäuden, die nur wenig erleuchtet waren, denn die meisten notwendigen Versuchsschritte konnten nicht bei Tageslicht durchgeführt werden. Neben den genannten Retorten und Destillen, den Öfen und Schmelzgefäßen waren auch eine Menge anderer Geräte in Gebrauch, wie Waagen, verschiedene Sorten von Pinzetten, Mörser und Stößel und Blasebalge verschiedener Größen, ja, sogar Musikinstrumente. Das wichtigste Einrichtungsstück, „Athanor“genannt, bestand gewöhnlich aus feuerfester Erde. Bei den verschiedenen Anlässen wurde das Feuer darin entweder mit Holz in Gang gehalten, oder mit Kohle, manchmal sogar mit Öl, mit dem die Hitzeentwicklung besser zu steuern war, wenn es um sehr empfindliche Vorgänge ging.

Vielleicht wundern Sie sich, warum Alchymisten während ihrer Arbeit Musikinstrumente benutzten. Sie erzeugten damit Schwingungen, indem sie bestimmte Noten oder Notenfolgen spielten, und diese hatten besondere Wirkungen auf die eine oder andere Phase des großen Werkes. Nach dem, was wir wissen, benutzten sie meistens Saiteninstrumente, wie Geigen oder Gitarren, manchmal allerdings auch Blasinstrumente wie Trompeten oder eine kleine Orgel. Es ist sogar wahrscheinlich, dass sie Vokal-Intonationen vornahmen, obwohl wir das nicht beweisen können. Gesichert ist es immerhin für die Rosenkreuzer unter den Alchymisten. Der Grund war derselbe, nämlich, Schwingungen hervorzurufen, die dem einen oder andern Schritt des Versuchs dienten. Wir nehmen auch an, dass Intonationen manchmal dazu benutzt wurden, um einen Bewusstseinszustand hervorzurufen, der für die Arbeit notwendig war.

Beim Roten Werk, und auch beim Weißen Werk, verrichteten die Alchymisten ihre Laborarbeit am Tage oder nachts, je nachdem, welcher Schritt des Prozesses gerade fällig war. Während sie meistens in einem nur schwach erleuchteten Raum arbeiteten, meinten sie, dass gewisse Arbeitsschritte dann stattfinden sollten, wenn die Sonne in einer bestimmten Position am Himmel stand, oder wenn der Mond sich an einem bestimmten Punkt seines Zyklus sehen ließ.

Man weiß auch, dass Alchymisten es sehr wichtig fanden, Fälle von Ekliptik zu beachten, weil sie dachten, dass diese Einfluss auf alchymische Prozesse hätte. In verschiedenen Situationen betrachteten sie diesen Einfluss entweder als negativ oder als positiv und richteten sich danach. Es gibt keinen Zweifel daran, dass Alchymie mit Astronomie und Astrologie in Zusammenhang gebracht wurde, und die Überzeugung der Alchymisten, dass zwischen den Metallen und den Planeten unseres Sonnensystems präzise Korrelationen bestehen, ist sicher kein Zufall. Alchymisten wussten auch in Chemie gut Bescheid.

Wir mögen uns nun fragen, ob es Alchymisten wirklich gelungen ist, Gold zu machen. Nach den Aufzeichnungen, die sie uns hinterlassen haben, gibt es darüber keinen Zweifel. Viele Autoren behaupten, dass es dieses Gold war, das den Reichtum einiger Leute begründete, wie z.B. bei Jacques Coeur, Jean Bourré, Nicolas Flamel und Cagliostro, um nur die bekanntesten zu nennen. Wenn wir annehmen, dass dies wahr ist, muss man auch erwähnen, dass gerade diese Leute für ihre Großzügigkeit und für ihren Altruismus berühmt waren. Ihr Verhalten legt nahe, dass sie ihre Kunst ausübten, um den Ärmsten der Gesellschaft zu helfen, und um für Projekte von allgemeinem Interesse zahlen zu können, wie für Krankenhäuser, Straßen, Brücken usw. Allerdings haben wir, abgesehen von diesen Zeugenaussagen, keinen wirklichen Beweis dafür, dass die Adepten des großen Werkes wirklich ihr Ziel erreicht haben oder dadurch reich geworden sind. Daher muss sich in diesem Punkt jeder seine eigene Meinung bilden.

Es ist im Grunde nicht so wichtig zu wissen, ob die Alchymisten der Vergangenheit tatsächlich einfache Metalle in Gold verwandeln konnten. Viel entscheidender ist ihre Überzeugung, dass der Mensch die Macht hat, nicht, sich an die Stelle der Natur zu setzen, sondern mit ihr zu wetteifern. In dieser Überzeugung studierten sie die Naturgesetze mit außerordentlicher Ehrfurcht. Außerdem waren die meisten von ihnen sehr spirituell eingestellt und benutzten die Alchymie als Hilfe bei ihrer mystischen Suche. Darum gab es in den Laboratorien immer einen Raum, der ausschließlich zum Gebet, zur Meditation und für das Studium allgemeiner göttlicher Gesetze bestimmt war. Meist bestand dieser Gebetsraum nur aus einem Stuhl und einem Tisch, auf dem Kerzen standen, Ritual-Artikel und Bücher über Esoterik.

Die materielle Alchymie war nur der äußere Ausdruck einer weitaus höher stehenden Verwandlung, nämlich diejenige der Seele. Der Eckstein dieser Verwandlung ist die spirituelle Alchymie. Dieser mystische Prozess besteht für Menschen darin, ihre Fehler mit Hilfe der Lebensumstände abzuändern, wie es das göttliche Feuer in ihrem Inneren verlangt. Wir sind alle unvollkommen, aber das Ziel unserer Entwicklung ist, einen Stand der Vollkommenheit zu erlangen, den die Rosenkreuzer als „Zustand des Rosae Crucis“ bezeichnen. Diesen Zustand erreichen wir aber nur, wenn wir unsere Persönlichkeit von negativen Unzulänglichkeiten gereinigt haben. Und dazu gehört, die Tugenden der göttlichen Seele in uns zu wecken, die nichts weiter möchte, als zu zeigen, wie viel Raum für Weisheit in ihr steckt. Ein solches Ziel kann in einem einzigen Leben nicht erreicht werden, darum müssen wir immer wieder geboren werden, solange wir nicht vollkommen sind.

Menschen haben bestimmte Fehler wie Stolz, Selbstsucht, Eifersucht, Intoleranz usw. bis hin zu der Tatsache, dass sie die Tugenden ihrer göttlichen Seele überhaupt nicht geweckt haben. Diese Fehler schaden ihnen selbst, denn sie bewirken ein negatives Karma, das sich in Form von Prüfungen aller Art in ihrem Leben bemerkbar macht. Wir haben also mindestens zwei gute Gründe dafür, an uns selbst zu arbeiten: Erstens verlangt es unsere Entwicklung, vor der wir uns nicht drücken können, und deren letztes Ziel es ist, Vollkommenheit zu erreichen, so weit wir das als menschliche Wesen können. Und zweitens wird uns erlaubt, unser Verhalten positiv auszurichten und dadurch positives Karma für uns zu bewirken. Dieses zeigt sich in unserem Leben in den verschiedensten Formen von Freude und führt zu dem Glück, das wir suchen. Ist es schließlich nicht unser Ideal, uns so glücklich wie irgend möglich zu fühlen und unser Leben zu meistern?

Genau wie bei der materiellen Alchymie gilt es auch bei der spirituellen Alchymie, verschiedene Stadien zu durchleben, um das gesuchte Ziel zu erreichen. Der erste Schritt besteht darin zu akzeptieren, dass wir nicht vollkommen sind und dass wir Fehler haben, die zu korrigieren sind. Wir müssen sowohl akzeptieren, was wir selbst für unsere Schwächen halten, als auch das, was andere darüber denken. Wir müssen uns also selbst im Spiegel unserer Seele so sehen, wie wir sind, und gleichzeitig auf das Bild von uns achten, das andere widerspiegeln. Wenn wir das nicht tun, sehen wir nicht, wie wir wirklich sind, und unsere Fehler entwickeln sich umso stärker bis zu einem Punkt, an dem sie uns zu negativem Verhalten veranlassen und dadurch entsprechende karmische Prüfungen hervorrufen.

Wenn Sie diesen Artikel mit Interesse lesen, dann liegt es wahrscheinlich daran, dass Sie mit spiritueller Alchymie zur selben Zeit begonnen haben wie mit Ihrer persönlichen mystischen Suche. Es gibt keinen Zweifel daran: Wenn Ihre Lebenserfahrung Sie mit ein wenig Weisheit versehen hat, dann hat sie bei Ihnen auch zu klarem Denken geführt. Deshalb sind Sie auch in der Lage, Ihre Schwachstellen zu bemerken, und ich bin ganz sicher, Sie können etwas dagegen tun. Was mich betrifft, so kann ich Ihnen versichern, dass ich meine Fehler, meine Unzulänglichkeiten und meine Neigung zu Fehlverhalten sehr gut kenne, und ich habe fest vor, mich zu bessern. Es ist daher nicht so, dass ich Ihnen meine Überlegungen mitteile, weil ich mich für eine Ausnahme halte, sondern ich tue es einfach als Mensch, auf den diese Alchymie auch zutrifft. Es ist immer leichter, über Gutes zu sprechen, als es zu tun. Dasselbe gilt für Anstrengungen und Verbesserungen, die wir von anderen verlangen.

Um eine innere Wandlung zu erreichen, reicht es aber nicht aus, seine Fehler zuzugeben. Wir müssen sie auch korrigieren wollen, und dies ist ein ganz wichtiger Schritt bei der spirituellen Alchymie. Anders ausgedrückt, wir müssen entschlossen sein, bessere Menschen zu werden, und das ist nur dann möglich, wenn wir überzeugt sind, dass Menschen sich entwickeln müssen, und wenn genau das unsere Lebensanschauung ausmacht.

Ich selbst bin überzeugt, dass jeder, der danach strebt, besser zu werden, Gottes Hilfe erfährt und glücklich werden kann, selbst wenn er viele Fehler hat, schon deshalb, weil die karmischen Gesetze jede Anstrengung in Richtung auf das Gute hin belohnen. Umgekehrt ist es so, dass Menschen mit wenigen Fehlern, welche diese ausleben, ohne je zu versuchen, sie abzustellen, alle möglichen Probleme und zunehmend Prüfungen auf sich ziehen, solange sie sich ihre Schwächen genehmigen.

Wenn man sich schließlich dazu entschlossen hat, vollkommener zu werden, tritt man in ein weiteres Stadium der spirituellen Alchymie ein. Dieser Wunsch muss nun konkreter werden, indem man Fehler wirklich verwandelt. Aber um dies zu erreichen, dürfen wir sie auf keinen Fall bekämpfen, was man leider gerne tut. Indem man sie bekämpft, betont man sie sogar noch, denn unser Ego benutzt die Situation, um unser Verhalten in seinem Sinne noch stärker zu beeinflussen. Mitnichten, wir sollten von dem betreffenden Fehler Abstand nehmen und versuchen, uns auf sein genaues Gegenteil zu konzentrieren! Zum Beispiel, wenn jemand ganz besonders eingebildet ist, und er weiß es, dann sollte er nicht versuchen, seine Selbstgefälligkeit zu bekämpfen, denn wenn es tut, wird sie nur schlimmer und immer gefährlicher. Er sollte vielmehr danach trachten, die entgegengesetzte Eigenschaft zu erwerben, in diesem Fall Demut. Das bedeutet, etwas sehr Göttliches in seinem Wesen anzurufen.

Aber auf welche Weise gewinnen wir die entgegengesetzte Eigenschaft eines Fehlers, dessen wir uns bewusst sind? Ich denke, es ist am besten, erst einmal festzustellen, wie sie sich im normalen Leben bemerkbar macht. Ist dies geschehen, sollten wir uns jedes Mal, wenn sich die Gelegenheit dazu ergibt, die neue Verhaltensweise angewöhnen, bis sie zu einem festen Bestandteil unseres Wesens geworden ist und ganz natürlich wirkt. Wir wollen zu dem Beispiel der Selbstgefälligkeit zurückkehren. Jeder, der diesen Fehler loswerden möchte, muss sich an Demut gewöhnen, aber wie? Indem er sich abgewöhnt, seine Verdienste zu betonen, seine intellektuelle oder irgendeine andere Überlegenheit zu zeigen, oder Aufmerksamkeit auf sich zu lenken. Er muss sich angewöhnen, ganz unpersönlich auf das Gute hin zu arbeiten usw. Mit der Zeit wird diese Anstrengung, bescheiden zu sein, zu einer Gewohnheit werden, mit anderen Worten, es wird für das Unterbewusstsein zu einer Regel. Dann ist der Stolz verwandelt. Dies ist das grundlegende Prinzip für spirituelle Alchymie, das wir bei der Verwandlung aller unserer Fehler anwenden sollten.

Ein Mystiker, dem es gelungen ist, alle seine, oder alle ihre, Fehler in die entgegengesetzten Qualitäten zu verwandeln, erlebt das höchste Stadium spiritueller Alchymie, die Erleuchtung. Wenn vielleicht auch nicht vollkommen, so ist er, oder sie, doch zumindest sehr nahe am Zustand der Vollkommenheit angekommen, jedenfalls bis zu dem Grad, den menschliche Wesen auf Erden erreichen können. Die „Materia prima“ seines Wesens, seine Seele, ist dann rein und vollkommen. Die Alchymisten unter den Rosenkreuzern haben nicht zufällig das große Werk mit einer roten Rose symbolisiert, oft hat sie eine goldene Aura. Gewiss hat jeder, der dieses Stadium erreicht hat, die so genannte „Chymische Hochzeit“ gefeiert. Anders gesagt, er hat die Vereinigung seines menschlichen Selbst mit dem göttlichen Selbst erreicht. Dies wird in der Sprache der Alchymie als Hochzeit des Königs mit der Königin beschrieben, und als die Vereinigung von Schwefel und Quecksilber. Von diesem Moment an besitzt der Mensch das Lebens-Elixier, denn er ist zu einem reinen göttlichen Instrument geworden und muss nicht mehr wiedergeboren werden.

Möge Alchymie in Ihrem Sinn, in Ihrem Herzen und in Ihrem Leben stattfinden!

# *Rosenkreuzer-Utopie*

*Gott aller Menschen, Gott allen Lebens, in der Menschheit, von der wir träumen:*

*Sind die Politiker zutiefst humanistisch und wirken im Dienst des Allgemeinwohls,*

*Verwalten die Verantwortlichen für Wirtschaft und Finanzen die Staatsvermögen mit Umsicht und im Interesse aller,*

*Sind die Wissenschaftler vergeistigt und schöpfen ihre Eingebungen aus dem Buch der Natur,*

*Sind die Künstler inspiriert und drücken in ihren Werken die Schönheit und Reinheit des Schöpferplanes aus,*

*Sind die Ärzte von der Liebe zum Nächsten durchdrungen und pflegen ebenso sehr die Seelen wie die Körper,*

*Wird es weder Elend noch Armut geben, denn jeder bekommt, dessen er bedarf, um glücklich zu leben,*

*Wird die Arbeit nicht mehr als Zwang erduldet, sondern vielmehr als Quell zur Entfaltung und des Wohlseins empfunden,*

*Wird die Natur als der schönste Tempel überhaupt erkannt und die Tiere als unsere Geschwister auf dem Weg ihrer Entwicklung,*

*Gibt es eine Weltregierung, die sich aus den Regierenden aller Nationen zusammensetzt und im Interesse der ganzen Menschheit walten wird,*

*Ist die Spiritualität ein Ideal und eine Lebensform, die aus einer Weltreligion schöpft, welche mehr auf der Kenntnis göttlicher Gesetze aufbaut als auf Gottesglauben,*

*Sind die menschlichen Beziehungen in der Liebe, Freundschaft und Brüderlichkeit begründet, so dass die Welt in Frieden und Harmonie lebt.*

*So möge es sein!*

## Mit einem klaren Kopf ist alles Leid zu ertragen

An einem Tag im April 2004 hörte ich diesen Spruch von Simone Weil mit Dankbarkeit, denn er kam mir wie ein Zeichen vor. Obwohl es mir selbst oft schwer fällt, habe ich es immer besser gefunden, dass einer, der leidet, darüber spricht. Sagt man nicht auch, dass Worte Schmerz heilen können?

„Mit einem klaren Kopf ist alles Leid zu ertragen." Dieser Satz hat mir geholfen und mir die Richtung gewiesen und leitet mich noch immer, wenn es Schwierigkeiten zu überwinden gilt. Natürlich hat er auch eine Menge Fragen bei mir aufgeworfen. Ein Gedanke führt zum nächsten, und man grübelt so lange, bis man entweder zu einer Überzeugung gekommen ist, oder, bis sich noch mehr Fragen erhoben haben.

Ist es besser, Leid zu ertragen, oder soll man es von sich weisen? Wie ist es möglich, das Unerträgliche zu ertragen? Was ist damit gemeint, im Leid einen klaren Kopf zu bewahren? Ist unsere innere Flamme gemeint? Das göttliche Licht? Oder soll ausgedrückt werden, dass eine Maske fällt, und sich jemand zeigt, wie er ist, oder, dass negative Gefühle schließlich zur Kenntnis genommen werden?

Es ist anfangs oft schwer, eine Klarheit im Kopf gut zu heißen, denn sie führt zu einer Bewusstheit, die, bevor Ruhe eintritt, häufig schmerzhaft ist. Aber wenn Menschen es ihrer Anlage nach auch schwierig finden, gewisse Realitäten und Wahrheiten zu akzeptieren, so wird „Klarheit im Kopf" irgendwann unausweichlich.

Der Augenblick der Erkenntnis kann hinausgeschoben werden, zum Beispiel, indem Dinge nicht gesagt werden, wenn Schweigen herrscht, Diskretion notwendig ist oder Rücksicht auf eine andere Person, vielleicht auch aus Schüchternheit, aus Angst, oder weil man etwas nicht zugeben will. All dies kann den Augenblick hinausschieben, aber leider, oder aus gutem Grund, wird irgendwann „das Gesetz" greifen. Jeder erlebt das, auch wenn nicht „jeder" sich dessen bewusst ist. Wenn wir spirituell ausgerichtet sind, und wenn Seele, Geist und Herz mit den göttlichen Gesetzen harmonieren, oder, wenn Sie es lieber so formulieren, mit den Gesetzen der Natur und des Universums harmonieren, dann sehen wir plötzlich klar, und alles wird deutlich. Nur in diesem Licht sehen wir die Dinge wirklich, die guten und die schlechten, und das hat mit Wissen zu tun.

Mit Ignoranz, dem Gegenteil von Wissen, lebt es sich in gewisser Weise leichter. Ignoranz kann freundlich sein und uns schützen, Ignoranz führt uns in die Irre und bewahrt uns davor, verletzt zu werden.

Jesus sagt: „Selig sind die geistig Armen". Dieser Satz hat Jahrhunderte lang zu Diskussionen und Interpretationen geführt. Wie man es dreht und wendet, man muss ihn so verstehen, dass Ignoranz, und damit Unschuld, uns davor bewahrt, unglücklich zu sein, und dass Ignoranz hilfreich sein kann. Es bedeutet auch, dass es nicht ohne Risiko ist, wenn man sich auf den Weg begibt, Wissen zu erwerben. Aber egal, wir sind verpflichtet, diesen Weg zu nehmen und zu akzeptieren, dass Licht unsere Schritte lenkt und die Unzulänglichkeiten unseres Kurses deutlich macht.

Für den Mystiker bedeutet Toleranz nicht, dass man aufgibt, ganz im Gegenteil. Es kann sein, dass wir auf unserem Weg,

Wissen zu erwerben, leiden, und dass unser Herz von Sorgen übermannt wird. Aber wenn uns göttliches Licht erleuchtet und unsere Umgebung erhellt, und wenn wir die Liebe aller wohlmeinenden Wesen, die uns in dieser Prüfung unterstützen, einlassen, dann können wir laut sagen: „Mit einem klaren Kopf ist alles Leid zu ertragen."

Ich will diese Gedanken mit einem Gedicht von George L. Hendel abschließen, das den Titel trägt: „Die ich liebte". Vielleicht deprimiert es Sie, ich jedenfalls finde es beruhigend und tröstend. Ich denke, dass es eine Sichtweise meiner Gedanken sehr gut beschreibt:

*Die ich am meisten liebte,*
*erteilten mir die härtesten Schläge.*
*Sie schlugen mir Wunden,*
*die niemals heilten.*

*Ich verbarg sie*
*in der Tiefe meines Leids,*
*als ob sie der einzige Reichtum wären,*
*den ich zu erwarten hätte.*

*Darum war es der kostbarste Besitz,*
*wenn mir irgendwo, wenn ich mich schwach fühlte,*
*ein Lächeln zuteil wurde,*
*wenn man mir das Herz brach.*

*Durch seine eigene Qual*
*verbraucht sich der Schmerz*
*und tilgt auch die Verwundung,*
*die uns so lange gequält.*

*Tilgt die Verwundung,*
*die uns leer erscheinen ließ,*
*die unsere Schritte verunsicherte*
*und uns in Staub verwandelte.*

*Wie über dem Horizont*
*sich ein Vogel tummelt,*
*der im Wind mit einer Wolke spielt,*
*so fliegt mein Denken unbehindert.*

*Erinnerung*
*und unsagbares Glücklichsein trägt mich*
*von hier in eine Zukunft,*
*in eine Liebe ohne Leid.*

Wenn Sie diese Zeilen lesen, Ihr Geist aber den Inhalt nicht aufnimmt, weil Ihr Herz sich in der Nacht befindet, dann hoffe ich, dass Sie Freunde haben, um Sie aufzurichten. Blicken Ihre Augen traurig, dann möge Sie jemand anlächeln; und es soll Ihnen eine tröstende Hand gereicht werden, wenn Ihr Pfad beschwerlicher wird.

## Und ich gehe vorwärts!

Seit Jahrzehnten gehört es zu den Grundlagen der Psychologie, dass man ein Problem nicht lösen kann, ohne seine Ursachen zu kennen. Aus diesem Grund wurde es üblich, lang dauernde Analysen mit einem Therapeuten durchzuführen, in Hypnose zurück in die Kindheit zu blicken, oder sogar in vorausgegangene Leben usw. Sicherlich können wir unsere Probleme und Reaktionen besser verstehen, wenn wir wissen, woher sie rühren, aber reicht das aus? Sollten wir dieses Prinzip, das Vieles in unserem Verhalten entschuldigt und uns davor bewahrt, uns verantwortlich fühlen zu müssen, wirklich hochhalten? Sollten wir zufrieden damit sein, dass wir für unsere destruktiven Verhaltensweisen eine Ursache gefunden haben und für unsere verletzenden Worte und negativen Gedanken? Zu erklären kann helfen zu verstehen, aber damit ist nichts gewonnen, es sei denn, die Absicht besteht, etwas zu ändern. Und was soll man machen, wenn die Wurzeln unserer Probleme unbekannt bleiben? Soll man sie einfach hinnehmen (wie beim Zen) oder dagegen angehen (wie ein Ritter)?

Unser Leben verläuft rhythmisch und wird durch Gewohnheiten geprägt. Wir können Abneigungen, Ängste und Furcht überwinden, aber wir müssen es wollen. Zum Beispiel, wenn man weiß, dass man in der einen oder anderen Situation Angst hat, oder man erkennt, warum eine irrationale Furcht vor irgendetwas besteht, vor einem Tier, bestimmten Umständen oder vor manchen Leuten, dann ist das intellektuell mit Sicherheit interessant, aber es löst nicht das Problem. Unsere Reaktionen, oder ihr Fehlen, sind vor allem Gewohnheiten. Nehmen wir zum Beispiel eine Reise: Falls Unbekanntes uns in Angst versetzt, kann Reisen zu einer Prüfung werden. Beim ersten Mal haben wir wahrscheinlich große Bedenken und fühlen uns angespannt. Die

Reise erscheint uns lang. Später führt die Erfahrung nach und nach zu einer Gewöhnung. Und was zunächst schwierig und unangenehm erschien, kommt einem nun einfach vor, die Reise scheint kürzer zu sein, wir reagieren besser, wir gewöhnen uns daran.

Wir kommen nicht voran, wenn wir rückwärts gehen, und wenn wir Stufen abwärts steigen, werden wir die Lebensleiter nicht erklimmen. Wenn wir wissen möchten, was hinter der Tür zu erwarten ist, die vor uns auftaucht, müssen wir mutig genug sein, sie zu öffnen. Wenn die Vergangenheit uns auch hilft, in der Gegenwart zu leben und eine Zukunft aufzubauen, so darf sie doch nicht unsere Entwicklung behindern. „Wo ein Wille ist, ist auch ein Weg!“ Wir werden nicht bei jeder Gelegenheit erfolgreich sein, aber selbst wenn wir fallen, können wir wieder aufstehen und einen weiteren Versuch starten, dieses Mal anders, besser und immer wieder besser. Man hört oft, „Glück hat nur der Tüchtige“ (Moltke). Ich weiß nicht, ob das immer wahr ist, aber man kann beobachten, dass große Pessimisten sich selten durch Glücklichsein und Freude auszeichnen.

Schwierigkeiten, Erfahrungen, harte Zeiten und Leid gehören zum menschlichen Leben. Niemand kann ihnen entkommen, aber es macht einen Unterschied, in welcher Weise wir mit ihnen umgehen, und wie wir im Fall von Widerständen reagieren. Genau das ist es, was mit „das Leben meistern“ bezeichnet wird. Wir sind Meister unseres eigenen Schicksals und wir haben unseren freien Willen, mindestens insofern, als wir entscheiden können, wie wir mit unseren Prüfungen umgehen. Mit einer guten Einschätzung, und natürlich mit Sorgfalt, müssen wir deshalb vor allem unsere Ängste und unsere Befürchtungen überwinden, oder die Art zu denken, zu sprechen und zu reagieren ändern. Manchmal ist es tatsächlich vorgekommen, dass wir unsere Furcht überwunden haben, denn es ging nicht anders, und wir konnten es auch. So ist es mit vielen Dingen im Leben, am Anfang müssen wir uns ein wenig zwingen, und dann schaffen wir es. Natürlich erspart uns dieses Wissen nicht die „Aufs und Abs“ im Leben, aber wir haben die Dinge öfter im Griff, als dass wir selbst die Ursache von Problemen wären.

Ich möchte auf meinen Ausgangspunkt noch einmal zurückkommen und betonen, dass wir uns sehr anstrengen sollten, unser Verhalten zu verbessern, und dafür zu sorgen, dass sich unser Leben positiv entfaltet. Wir sollten nicht auf jemand anderen warten, keine Schuldigen suchen, keine Entschuldigungen vorbringen und keine Selbstvorwürfe. Selbst wenn wir eine schwierige Kindheit hatten, selbst wenn wir denken, dass „die anderen die Hölle sind“, selbst wenn was auch immer. Das alles darf uns nicht davon abhalten, immer weiter vorwärts zu gehen. Welche Entscheidungen wir auch zu treffen haben, irgendwie müssen wir uns entscheiden. Und wenn sich später herausstellt, dass eine Entscheidung kein Glück gebracht hat, dann kann man nicht andere dafür verantwortlich machen. Wir müssen auch Geduld entwickeln, denn was im Augenblick wie eine Katastrophe aussehen mag, kann sich später als Segen herausstellen. Ich bin sicher, dass Sie selbst schon öfter diese Erfahrung gemacht haben, und zwar in ganz verschiedenen Lebensbereichen. Vielleicht kennen Sie das Sprichwort: „Ein Unglück wird sieben Jahre später ein Gewinn sein“. Ich persönlich finde allerdings, dass sieben Tage, sieben Minuten oder sieben Sekunden schon genug wären. Auch das ist Alchymie des Lebens.

Ich habe beobachtet, dass Menschen, die in der günstigsten Weise auf ein Problem reagieren, häufig eine neue Chance bekommen. Man sagt, dass Mystiker lebende Fragezeichen sein sollen. Das ist wirklich unbedingt notwendig, und genauso wichtig, wie zu meditieren, ist es, die Dinge zu durchdenken. Allerdings darf es nicht so weit kommen, dass wir unser Leben durch all die Fragen, die uns in den Sinn kommen, und die vielleicht unser Denken aufhalten, verschwenden und uns selbst um einfache Freuden bringen und um vergüngliche Momente, in denen wir glücklich sein könnten. Solche Momente lassen wir zu oft vorübergehen, ohne sie voll auszukosten. Wir mögen die Welt um uns herum sehr deutlich wahrnehmen, all die Barbarei auf der Erde und all die Ungerechtigkeiten, die wir als Person oder insgesamt erleiden. Aber lassen Sie uns nie vergessen, was der belgische Sänger und Dichter Jaques Brel gesagt hat, wir müssen „in allem das Gute sehen".

Wenn die Flut der Erinnerungen über Ihnen zusammenschlägt, wenn Trauer Ihnen den Atem nimmt, wenn Sie spüren, dass Ihr Herz zerbricht, wenn Sie in der Welt nur noch das Hässliche sehen - dann besinnen Sie sich auf die Kraft in ihrem Inneren, leisten Sie Widerstand, halten Sie Ausschau nach dem göttlichen Funken, der immer noch in Ihrer Seele glimmt. Und dann besinnen Sie sich auf Ihren Willen, damit Sie aufrecht stehen können, um den Kräften, die Sie hinunter ziehen wollen, ins Gesicht zu blicken, und sprechen Sie mit Würde und mit Nachdruck: „Ich gehe vorwärts, ich gehe vorwärts, ich gehe vorwärts."

Mögen Vertrauen, Entschlossenheit und Mut mit Ihnen sein.

## Glaube

Die Menschheit hat seit jeher versucht, sich über Schatten zu erheben und dem Licht entgegen zu wachsen. Diese Aufwärtsbewegung ist langsam und muss, wegen der zahlreichen Prüfungen, die das tägliche Leben mit sich bringt, häufig wiederholt werden. Obwohl man es manchmal nicht glauben mag, sind wir nichtsdestoweniger auf dem Weg zu einer besseren Welt, die voller Hoffnung ist. Hoffnung geht über das, was wir „Glauben" nennen, noch hinaus. Hoffnung ist Leben, Leben, das unsere Seelen wachsen, lernen und voranschreiten lässt. Glaube allein reicht für solch eine Knospenbildung nicht aus.

Wenn Glaube im Zusammenhang mit Religion, oder auch mit Aberglauben, genannt wird, dann engt er uns durch Dogmen ein, die uns zu Sklaven machen und zu Gefangenen. Oft verhindern Dogmen, dass wir einen Fortschritt erleben. Zum Glück brechen diese Ketten manchmal, und dann lassen wir die Welt der Illusionen hinter uns und entdecken unser Inneres Selbst, das uns den Weg zeigt. Dann beginnt eine lange Reise. Wir werden unruhig, und die großen und zeitlosen Fragen zum Thema „Leben" stellen sich uns: Ist das Schicksal jedes Menschen im Voraus bestimmt? Wie viel freien Willen können wir bei unseren Entscheidungen erwarten? Was können wir tun, um unser Schicksal zu ändern, falls der Weg bereits vorherbestimmt ist? Was ist der Zweck von „Leben"? Warum wird auf dieser Erde so viel von den Menschen gefordert? Dies sind einige der Fragen, die uns als Menschen beunruhigen, seien wir nun Mystiker, oder auch Atheisten, denn selbst diese möchten vieles wissen.

Antworten zu geben, scheint schwierig, und deshalb ist es nicht einfach, unseren Geist zufriedenzustellen. Hinzu kommt, dass wir nicht wissen, ob es nur eine Antwort gibt oder mehrere. Unser „Innerer Meister“ weiß es, aber sind wir aufmerksame Schüler, die die Antwort hören wollen? Wenn wir es sind, dann kann der Innere Meister Antworten an unser Herz und an unseren Verstand weitergeben, und wir finden etwas von dem wahren inneren Frieden, der den Rosenkreuzern so wichtig ist. Ich sage absichtlich „etwas“, denn vor den Geheimnissen des Lebens sind wir immer auf der Suche nach der Wahrheit und werden es auch immer sein.

Diese Überlegungen sind sicherlich nicht besonders originell, aber der Punkt ist, dass ich trotz einer gewissen Lebenserfahrung, und als Rosenkreuzer, und selbst als Imperator von AMORC, nicht aufhören kann, mich über manche Dinge zu wundern. Und obwohl ich über viele Dinge feste Ansichten habe, liegt noch ein weiter Weg vor mir, bevor ich überall Bescheid weiß, Erfahrungen gesammelt habe und Verständnis aufbringen kann. Ich frage mich heute noch dieselben Sachen wie in meiner Jugend, und dann als Erwachsener. Ihnen wird es wahrscheinlich genauso gehen. Bedeutet dies, dass ich kein guter Schüler bin? Wahrscheinlich ist es so, aber ich vertraue den Rosenkreuzer-Idealen und dem, was AMORC lehrt. Wenn das Leben mich auch hart geprüft und desillusioniert hat, ebenso, wie es vielen anderen ergangen ist, so habe ich doch auch eine Menge wunderbare Dinge und reine Gefühle erleben dürfen. Darum habe ich nicht die Hoffnung verloren, und auch nicht den Glauben im wahrsten Sinne dieses Wortes. Und ich kann mit Überzeugung sagen: „Ja, ich hoffe, und ich glaube!“

## Sein und Haben

Diese beiden Verben bieten Konfliktstoff und passen nicht zueinander, obwohl sie sehr oft im gleichen Atemzug genannt werden. Dabei geht es nicht um Grammatik oder um die Schreibweise, sondern es geht um den Zusammenhang dieser beiden Begriffe mit der menschlichen Natur, mit unserem Ego, mit der Art und Weise, wie wir Dinge betrachten, und mit Moral. Das Wort 'Sein' hat dabei einen positiveren Klang als das Wort 'Haben'.

'Sein' berührt uns angenehm. Es drückt aus, wie wir sind, und natürlich denken wir mehr an unsere guten als an unsere schlechten Seiten. 'Haben' führt zu den Worten 'besitzen' und 'Eigentümer'. Damit wird unser Bewusstsein sofort erschüttert, und in unserem Kopf fangen Ideen an, aufeinander zu prallen, sich gegeneinander zu stellen und sich zu widersprechen: Materie gegen Geist, Rechte gegen Pflichten usw. 'Sein', wie in 'existieren', wie in 'Leben', wie in 'Intelligenz'. 'Haben', wie 'Freude in der Welt', wie 'unermessliche Besitztümer', wie 'Sehnsucht'. Wir haben also gute Gründe, darauf zu bestehen, dass „es besser ist zu sein, als zu haben".

Was wäre, wenn wir versuchen würden, diese zwei Gegensätze miteinander zu versöhnen? Es ist einfach, dem Verb 'haben' liebliche Bilder und edle Worte zuzuordnen, und es macht Spaß. Aber viel schwieriger ist es, dem Verb 'sein' negative Begriffe zuzuordnen. Dies ist eine Übung, die für uns nicht angenehm ist, und ich werde Ihnen auch nicht empfehlen, sich damit zu befassen. Es ist auch gar nicht notwendig, 'Sein' herunterzumachen, um 'Haben' aufzuwerten. Lassen Sie uns stattdessen versuchen, die beiden zusammenzubringen. Wir wollen nicht eine Seite unseres dualen Wesens ablehnen, sondern einfach versuchen, damit fertig zu werden. Wenn Eifersucht sich meldet, Hass und Unehrlichkeit, ein Ansatz von übertriebenem Besitzstreben, Ängste und Furcht, dann muss der Mensch unbedingt seine Selbstkontrolle wiedergewinnen, mit objektivem Blick in sich hineinschauen und seinen Drachen zähmen.

'Haben' muss 'Sein' seinen rechtmäßigen Platz lassen, und die beiden müssen sich arrangieren. Wenn dies geschieht, dann ist das Selbst im Einklang, die Waagschalen im Gleichgewicht, Ying und Yang, Schwarz und Weiß, Tag und Nacht, Freude und Sorge, Sein und Haben!

## Lasst uns im Frieden bleiben!

Seit Jahrhunderten haben Männer und Frauen guten Willens versucht, die Menschheit zu bessern. Natürlich waren Mitglieder des Alten und Mystischen Ordens vom Rosenkreuz auch dabei.

Wenn man den Zustand der Welt auch mit „abscheulich" beschreiben muss, da sich so viele Länder bekriegen, dürfen wir doch die Hoffnung nicht aufgeben, und vor allem müssen wir, jeder nach seinen Möglichkeiten, versuchen, etwas zu ändern.

Die Bruderschaft der Rosenkreuzer wird sich anpassen, wie sie es immer getan hat. Wo Krieg und religiöser Fundamentalismus aus den Fugen geraten und die Existenz des Ordens bedrohen, wird er sich schützen. Und wo andere Formen der Sektenbildung ihn bedrohen, wird er sich ebenso verhalten.

Wir wissen, dass nichts für die Ewigkeit gebaut ist, dass sich alles verändert und weiter entwickelt. Nichts ist festgelegt, alles wird verwandelt: Das ist die Alchymie des Lebens.

Viele Philosophen und Humanisten betrachten „Friede" als ihre persönliche Ideologie. Auch die Rosenkreuzer haben immer dem Frieden gedient - der Ausdruck „Wahrer innerer Friede" wird in ihren Schriften häufig erwähnt, auch, wenn es für sie schwierig ist, ihn selbst zu erleben und zu bewahren.

Die Forderung nach Frieden ertönt umso lauter, je heftiger sich Grausamkeit, Gewalt und Zerstörung auf unserer Erde manifestieren. Dies geschieht nach dem Prinzip der Dualität, das unser Leben und unseren Geist beherrscht.

Rosenkreuzer vereinen ihre Stimmen daher mit allen, die für eine Kooperation zwischen den Völkern beten. Jedes Jahr gibt es zu diesem Thema, unter der Leitung von AMORC, zusätzlich zu tausenden von Einzelaktionen, eine spezielle Zeremonie, die allen Menschen zugänglich ist.

Im Herzen eines jeden Humanisten tönt das Wort „Friede“ ohne Unterlass. Wie ich schon zuvor gesagt habe, fällt jedem Rosenkreuzer bei dem Wort „Friede“ sofort der Ausdruck „Wahrer innerer Friede“ ein. In diesem Zusammenhang benutzen sie auch für das Ende ihrer Briefe gewöhnlich die Formulierung „mit allen guten Wünschen für wahren inneren Frieden“. Diese wenigen Worte, die manchmal ganz automatisch geschrieben werden, haben eine besondere Wirkung. Sie sind weit mehr als eine höfliche Wendung oder ein brüderlicher Gruß.

Der Ausdruck entspricht einer Anrufung, deren Segen die Mitglieder von AMORC für die Person erbitten, an welche sie schreiben, ob diese nun ein Rosenkreuzer ist, oder auch nicht. Je stärker Bedeutung und Kraft innerlich wahrgenommen werden, um so positiver ist die Wirkung dieser Anrufung auf die betreffende Person.

Wahrer innerer Friede ist nicht nur ein Zustand der Seele. Er ist auch ein Zustand von Herz und Körper. Es ist tatsächlich so, dass jemand nur dann tiefen Frieden in seiner ganzen Fülle kennt, wenn er Frieden im Körper, im Herzen und in der Seele gleichzeitig erfährt. Und nur dann, wenn er sich der Quelle bewusst ist, kann er für seine menschlichen Brüder Segen herbeirufen.

Friede kann nicht ohne Harmonie bestehen, und Harmonie ist nicht zu trennen von der Schönheit der Welt und von Gottes Strahlen. Ein Philosoph hat dazu einmal gesagt: „So viele Hände, um die Welt zu retten, und so wenige Augen, sie zu betrachten.“

Jeder Mystiker liebt es, auf den Frieden der Seele Bezug zu nehmen. Damit ist einfach ein Zustand spiritueller Erfüllung gemeint, erreichbar von Menschen, die sich dafür entschieden haben, ihr Leben in den Dienst Gottes und der Menschheit zu stellen. Damit ist auch der innere Friede gemeint, den Menschen erleben, die dauernd in Harmonie leben. Entsprechend ist es sowohl der Friede der Rose als auch der Friede des Kreuzes.

Friede bedeutet, das Leben als Geschenk anzusehen, und zwar trotz aller Prüfungen sowie der Höhen und Tiefen, die es mit sich bringt. Friede erfährt man auch, wenn man einen Körper akzeptieren kann, der kein bisschen perfekt ist, vielleicht krank oder alt, und wenn man am Ende damit einverstanden ist, sich ins Jenseits zu begeben.

Friede bedeutet, dass man Furcht zunächst annehmen kann, um sie dann zu überwinden. Und auch, wenn unsere Bedürfnisse und unsere Emotionen schließlich gebändigt sind, so dass unser Herz still werden kann, wie ein Tag ohne Wind. Der Friede ist gekommen, wenn der Krieger, der in uns wohnt, seine Waffen niedergelegt hat.

Ist uns die Harmonie verloren gegangen, dann lasst sie uns wiederfinden. Machen wir uns bewusst, wie wunderschön unsere Erde an manchen Stellen ist. Erlauben wir Gottes Licht, unser Verhalten zu durchdringen, dann finden wir Frieden.

Und so, indem ich den Ausdruck verwende, der mir sehr am Herzen liegt, wünsche ich Ihnen, die Sie diese Zeilen lesen, dass in den kommenden Jahren und während Ihrer gesamten Inkarnation wahrer innerer Friede in Ihnen und um Sie herum sein möge.

## *Rosenkreuzer-Bekräftigung für den Frieden*

*Ich trage zum Frieden bei, wenn ich danach strebe, das Beste meines Selbst in meinen Begegnungen mit anderen zum Ausdruck zu bringen.*

*Ich trage zum Frieden bei, wenn ich meine Intelligenz und meine Fähigkeiten dazu nutze, dem Guten zu dienen.*

*Ich trage zum Frieden bei, wenn ich Mitgefühl mit all denen empfinde, die leiden.*

*Ich trage zum Frieden bei, wenn ich alle Menschen als meine Brüder betrachte, unabhängig von Rasse, Kultur und Religion.*

*Ich trage zum Frieden bei, wenn ich mich über das Glück anderer freue und für ihr Wohlergehen bete.*

*Ich trage zum Frieden bei, wenn ich mit Respekt und Toleranz Meinungen anhöre, die sich von meinen eigenen unterscheiden oder ihnen sogar widersprechen.*

*Ich trage zum Frieden bei, wenn ich, um einen Konflikt zu regeln, zum Gespräch Zuflucht nehme, anstatt auf Macht zurückzugreifen.*

*Ich trage zum Frieden bei, wenn ich die Natur achte und sie für zukünftige Generationen bewahre.*

*Ich trage zum Frieden bei, wenn ich meine Vorstellung von Gott nicht anderen aufdränge.*

*Ich trage zum Frieden bei, wenn ich Frieden zum Fundament meiner Ideale und meiner Philosophie mache.*

## Alles läuft besser!

Alles läuft besser! Technisch. Die Fortschritte in Wissenschaft und Medizin haben Krankheiten von früher beseitigt und die Lebenserwartung verlängert. Elektrizität erleuchtet die ganze Welt. Flugzeuge, Züge und Autos haben Entfernungen schrumpfen lassen. Die Landwirtschaft produziert mehr als früher. Informations-Technologie hat Kommunikation schneller gemacht. So geht alles schneller vonstatten, und alles ist effizienter und bequemer. Bedeutet dies, dass in unserer modernen Gesellschaft alles besser läuft? Nein, denn der Mensch entwikkelt sich nicht weiter, jedenfalls nicht ausreichend. Seitdem er auf geheimnisvolle Weise aufgetaucht ist, hat der Mensch nicht aufgehört, sich durch materielle Entdeckungen zu bereichern, die, oberflächlich gesehen, seine Lebensbedingungen verbessert haben. Er hat Kultur entwickelt, er hat sich selbst erzogen, hat beobachtet, gelesen und geschrieben. Aber letzten Endes ist er ein Barbar geblieben.

Wie lange wird er brauchen, wie viele Wiedergeburten, um eine ernsthafte Verwirklichung zu erreichen? Er ist auf dem Weg dorthin, mehr oder weniger durch Zufall, aber der Pfad ist steinig. Zweifellos beobachten wir uns selbst, und ebenso gibt es eine instinktive Reaktion, die uns zwingt, einen genauen Blick darauf zu werfen, wessen Menschen in diesen sogenannten modernen Zeiten fähig sind, anderen Männern, Frauen und Kindern anzutun. Unser Zeitalter ist besonders gewalttätig, und diese Gewalt hat weder etwas mit Geographie zu tun noch mit Kultur. Es hat mit dem Menschen zu tun. Natürlich löst es nicht das Problem, darüber zu reden, aber einfach darüber hinwegzugehen, wäre, im Hinblick auf eine Unterstützung der Menschheit, ein Fehler.

Wir schulden es uns selbst, positiv eingestellt zu sein, und meine Pflicht ist es eigentlich, über angenehme Dinge zu Ihnen zu sprechen. Aber als Bewohner dieses Planeten kann ich nicht umhin zu bemerken, und Ihnen wird es genauso gehen, wie ernst und schrecklich manche Dinge sind, die sich gerade abspielen. Wenn man sie unbeachtet ließe, würde Mitgefühl fehlen, und wenn jemand sagen würde, „Alles läuft besser", dann müsste man ihn für einen naiven Idealisten halten.

Bei jeder Tragödie, von der wir Kenntnis erhalten, müsste unsere erste Reaktion sein, geistige Hilfe anzubieten. Wenn wir erfahren, dass es eine Geiselnahme gegeben hat, einen Überfall, eine Naturkatastrophe oder was auch immer, sollten wir den Betroffenen sofort geistige Hilfe zukommen lassen. Wenn diese angesichts des Dramas, das sich ereignet, auch unzureichend und unangemessen erscheinen mag, so hat geistige Unterstützung doch eine besondere Macht. In Zeiten wie diesen erhalten all unsere Gedanken sofort Kräfte, die, zusammen mit denen all der anderen, eine Art „Universal-Verband" bilden und das Leiden lindern. Sie sind die Hand, die die Hand eines Sterbenden hält, die Arme der Mutter, die ihr weinendes Kind wiegt, und tausend andere Zeichen von Zärtlichkeit und Ruhe. Wenn diese Pflicht erfüllt ist - je nach dem Ort, an dem wir uns befinden, und unseren philosophischen, spirituellen oder religiösen Überzeugungen -, sollten in den nachfolgenden Stunden, Tagen und Monaten Handlungen folgen, die ich als mehr „äußerlich" bezeichnen möchte.

Abhängig von unseren finanziellen Möglichkeiten, unseren Fähigkeiten und von dem Ort, an dem wir uns befinden, sollten wir den Opfern konkrete Hilfe anbieten, und zwar im Hinblick auf die Ursache dessen, was geschehen ist. Zum Beispiel, wenn Sie sich in der Nähe eines Ortes befinden, wo eine Naturkatastrophe oder ein Angriff stattfindet, dann können Sie dorthin gehen und mit Geld oder ganz praktisch Hilfe leisten. Wenn Sie lieber schreiben, schreiben Sie einen Brief, einen Artikel oder ein Buch, in dem Sie Ihre Gedanken niederlegen. Sie können auch versuchen, Dinge zu ändern, indem Sie mit anderen Menschen sprechen. Sie können natürlich auch etwas spenden oder an einer Demonstration teilnehmen. Kurz gesagt, bleiben Sie nicht passiv. Akzeptieren Sie nicht, was inakzeptabel ist.

Seit 1971 arbeite ich für AMORC, und während der verschiedenen Tätigkeiten, die ich dort innehatte, habe ich Tausende von Briefen gelesen und Tausende von Männern und Frauen getroffen, Mitglieder und Nichtmitglieder der Rosenkreuzer-Bruderschaft, und ich habe ihre Zweifel und ihre Schmerzen geteilt und auch ihre glücklichen Momente und ihre Hoffnungen.

Ich weiß nicht, ob ich dadurch weise geworden bin, denn wenn dies der Fall wäre, müssten meine Reaktionen auf die Ereignisse des Lebens anders ausfallen. Ich würde wahrscheinlich in Erwägung ziehen können, dass es sich um Tests und Prüfungen handelt, und weniger betroffen auf die Welt blicken. Leider ist dem aber nicht so, denn Unglück von anderen und die häufig apokalyptischen Tragödien, zu deren Opfer zu viele meiner menschlichen Brüder und Schwestern werden, nehmen mich immer sehr mit.

Ein Soziologe hat festgestellt, dass unser Zeitalter, was die Veränderungen in Moral, Politik, bei Überzeugungen, in der Kultur usw. angeht, genauso wichtig ist wie die Zeit am Ende der Antike in Europa und in der Renaissance. Der Unterschied ist, dass unser Planet inzwischen sehr „geschrumpft“ ist, und dass global alle Länder und alle Menschen erfasst werden. Gute Neuerungen werden zwar schnell verbreitet, aber genauso schnell verbreiten sich die schlechten. Und es ist nicht mehr nur ein Land oder ein Volk gleichzeitig betroffen, sondern alle Bürger dieser Welt.

Gibt es auf Erden noch einen Hafen des Friedens? Natürlich lebt es sich in manchen Gegenden besser als in anderen, aber wie lange noch? Gibt es Regierungen ohne Korruption? Ist die Justiz der Menschheit gerecht? Dienen unser Staat und die Behörden der Bevölkerung, und hört man den Menschen zu? Wie können wir Bewusstheit wecken und Liebe und Mut in die Herzen der Menschen bringen?

Zweifellos haben Sie Ihre eigenen Antworten auf diese sehr berechtigten Fragen, die wir uns als Weltbürger stellen. Ich bin nicht gegen das „Establishment". Ich bin Aktivist für das Recht auf Leben, für Respekt, Freiheit, wirkliche Gerechtigkeit und Frieden. Setzen Sie sich, entsprechend Ihren Fähigkeiten, für das Gute ein - wer Sie auch sein mögen, wo Sie auch sein mögen. Wo immer der Zufall Sie hingestellt haben mag, arbeiten Sie materiell, physisch, moralisch und spirituell.

Lassen Sie uns Männer und Frauen guten Willens sein, so dass man eines Tages schließlich ganz ehrlich und ohne Zynismus oder Ironie sagen kann: „Alles läuft besser".

# Kosmisches Bewusstsein

Was ist Kosmisches Bewusstsein? Indem ich diese Frage beantworte, möchte ich zunächst darauf hinweisen, dass es kein fester Körper ist, sondern eine „Essenz“. Kosmisches Bewusstsein ist ein Attribut der universalen Seele, die der göttlichen Intelligenz entspringt. Wir sollten Kosmisches Bewusstsein daher nicht von all den anderen Formen von Bewusstsein im Universum getrennt sehen, die sich der dort lebenden Bewohner bedienen, um sich auszudrücken.

Mit anderen Worten, Kosmisches Bewusstsein muss man immer in Zusammenhang mit den Vehikeln sehen, mit deren Hilfe es sich manifestiert, so einfach oder so kompliziert diese Vehikel auch sein mögen. Auf der Erde gibt es sie in den verschiedensten Formen, vom winzigsten Lebewesen bis hin zu dem am höchsten entwickelten, dem Menschen.

Man kann daher sagen, dass es das Kosmische Bewusstsein ist, welches Lebewesen zu einer Entwicklung in Richtung auf eine Vervollkommnung ihrer Natur anregt. Dank des Kosmischen Bewusstseins nehmen sie ihre Umgebung wahr und stellen sich auf die äußeren Lebensbedingungen ein, in welche sie im Laufe ihrer Evolution geraten. Unter diesem Einfluss ziehen sie an sich, was zu ihnen passt, und nutzen, was ihnen körperliches Wohlbehagen vermittelt. Umgekehrt wehren sie sich gegen alles, was sie stört oder was sie in ihrer Ganzheit bedroht. Insofern können wir sagen, dass die sehr einfachen Lebensformen durchaus Intelligenz beweisen, denn das Kosmische Bewusstsein in ihnen treibt sie an, die göttlichen Attribute, die ihr Wesen ausmachen, auch wenn es ganz primitiv ist, so stark wie irgend möglich zum Ausdruck zu bringen.

Während seiner Evolution, also während der zunehmenden Anpassung an die Umgebung, verbunden mit der optimalen Nutzung derselben, entwickelt jedes Lebewesen, so primitiv es auch sein mag, einen stärkeren und besseren Einsatz der Attribute, welche das Kosmische Bewusstsein durch dieses Lebewesen auszudrücken vermag. So verbessert sich also dank dieses Lebewesens das Kosmische Bewusstsein im Gebrauch seiner ihm innewohnenden Intelligenz und Kraft. Auf seinem Weg durch die endlose Kette der Lebewesen durchdringt es schließlich Lebensformen, die sich immer weiter entwickeln, das heißt, die sich zunehmend des Göttlichen bewusst werden, um eines Tages die Vollkommenheit zu erreichen, die ihnen zukommt.

Man sollte aus dem Gesagten nicht schließen, dass die Natur des Kosmischen Bewusstseins unvollkommen und begrenzt ist. Das Einzige, was unvollkommen und begrenzt ist, sind die Verhaltensweisen, mit denen die Lebewesen die Attribute des Kosmischen Bewusstseins ausdrücken. Mit anderen Worten, das Kosmische Bewusstsein selbst ist perfekt, und diese absolute Vollkommenheit durchdringt alle Lebewesen. Aber deren offensichtliche Unvollkommenheit rührt daher, dass jedes von ihnen nur einen größeren oder kleineren Anteil der Attribute des Kosmischen Bewusstseins ausdrücken kann. Man könnte auch sagen, dass sie sich alle nach und nach des Kosmischen Bewusstseins bewusst werden, das sie zum Leben erweckt, und dass eben dieses Bewusstwerden in verschiedenen Ausprägungen vorkommt.

Auf Erden ist der Mensch das Lebewesen, welches die Größe des Kosmischen Bewusstseins am besten ausdrücken kann. Es manifestiert sich im Menschen hauptsächlich auf drei Bewusstseinsebenen. Erstens: der Mensch nimmt seine Umgebung durch sein objektives Bewusstsein wahr, welches aus einem ausschließlich objektiven Aspekt besteht, sowie aus einer subjektiven Sichtweise. Der objektive Aspekt erhält Impulse oder Mitteilungen über unsere fünf Sinne, also über Sehen, Hören, Tasten, Schmecken und Riechen. Die subjektive Sichtweise baut auf Fähigkeiten wie Verstand, Erinnerung und Imagination. Zweitens: Menschen haben auch ein Unterbewusstsein, welches automatische Funktionen steuert und kontrolliert. Es ermöglicht willentliche Handlungen und harmonisiert all unsere psychischen Fähigkeiten. Drittens: in seinem Inneren besitzt der Mensch das Kosmische Bewusstsein in seiner reinsten Form.

Die drei Ebenen von Bewusstsein, die ich gerade beschrieben habe, bilden im Menschen eine Einheit. Allerdings können wir nur über die Vermittlung des Unterbewusstseins das Kosmische Bewusstsein in seinem vollkommensten Ausdruck erreichen. Aus diesem Grund müssen wir lernen, uns selbst zu erkennen, um Zutritt zum Innersten unseres Wesens zu erlangen. Wir müssen uns immer weiter über die objektive Ebene hinaus erheben, um unser Unterbewusstsein als Vermittler zwischen unserem menschlichen Selbst und der göttlichen Ebene nutzen zu können. Dieses innerliche Erheben bewirkt Kontakt mit dem, was in uns am wertvollsten ist: göttliche Vollkommenheit, im Menschen wiedergeboren. In diesem Endstadium sind wir in der Lage, mit dem Reinsten zu kommunizieren, was das Kosmische Bewusstsein mit uns teilen kann. Von diesem Moment an sind wir frei von den Begrenzungen durch Zeit und Raum, und nur noch Transzendenz, Immanenz und Ewigkeit existieren.

Es ist unmöglich, genau zu beschreiben, wie es sich anfühlt, mit dem Kosmischen Bewusstsein verschmolzen zu sein, denn es überschreitet alle Eindrücke gleichzeitig, die in der irdischen Welt vorkommen. Außerdem, wenn eine solche Verbindung auch die menschliche Seele in ein Meer der Vollkommenheit eintauchen lässt, so bedeutet dies nicht, dass es die absolute Vollkommenheit ist. Eine solche Erfahrung vermittelt Menschen das größtmögliche Verständnis, welches ein wiedergeborenes Wesen haben kann, aber selbst auf dieser Ebene erfolgt Verschmelzung nur mit einem Teil dieser Vollkommenheit. Außerdem ist dieser kostbare Zustand zeitlich begrenzt, denn es ist unmöglich, sich dauerhaft auf einer solchen Bewusstseinsebene aufzuhalten.

Es ist wichtig zu verstehen, dass Menschen, jeder Einzelne von uns, das Kosmische Bewusstsein unterstützen müssen, genauso, wie sie zu lernen haben, selbst vom Kosmischen Bewusstsein Hilfe anzunehmen. Um das zu erreichen, müssen wir Gedanken und Handlungen mit Anteilnahme versehen, die gar nicht groß genug sein kann. Und wenn es auch wahr ist, dass wir Kosmisches Bewusstsein durch objektives Bewusstsein nicht erreichen können, so muss dieses trotzdem so oft wie möglich auf konstruktive Tätigkeiten gerichtet werden. Nur wenn wir das tun, können wir die Pforte zu unserem Unterbewusstsein durchschreiten und möglicherweise Kosmisches Bewusstsein erreichen. Daher ist es das Ziel unserer spirituellen Entwicklung, dem Kosmischen Bewusstsein entgegenzufliegen, das in uns strömt, und uns von der eingebildeten Welt seines irdischen Ausdrucks hinaufzuschwingen zu der Reinheit seines göttlichen Ursprungs.

Zusammenfassend möchte ich Folgendes ergänzen: Wenn es Menschen gelingt, Kosmisches Bewusstsein zu erleben, dann haben sie ihr persönliches Bewusstsein des Kosmos erfüllt oder, wenn Ihnen das lieber ist, ihr Bewusstsein des Göttlichen. Dieser Zustand von Erfüllung wird von allen Mystikern ersehnt und auch von den Rosenkreuzern. Es ist der Höhepunkt der menschlichen Evolution am Ende der langen Kette von Wiedergeburten auf der Erde. Es ist der Zustand von Bewusstsein, den jedes Individuum eines Tages erfahren muss. Danach braucht er oder sie nicht mehr auf die Erde zurückzukommen. Bis es soweit ist, müssen wir noch sehr viel mehr lernen. Lange Zeit wird ein Leben auf das vorherige folgen, aber eines Tages...

## Unser Standpunkt

Wir befinden uns in einer Übergangszeit der Menschheit. Irgend etwas entsteht gerade, noch unvollkommen und nicht perfekt, aber etwas Neues steht bevor. Leider ist schmerzhaft, was geschieht, und die Zukunft der Welt ist noch immer sehr ungewiss. Können wir voraussehen, was geschehen wird, Katastrophen voraussagen oder im Voraus fühlen, was der Menschheit noch alles bevorsteht? Ich ziehe es vor, diese Fragen nicht zu beantworten, sondern schlage Ihnen vor, die „Positio Faternitatis Rosae Crucis“ zu lesen, ein Manifest, das 2001 weltweit von AMORC publiziert worden ist. Dieses Werk beschreibt den Zustand unserer Gesellschaft und spricht eine Warnung aus, denn Menschen haben immer ihren freien Willen. Wir sind nicht Spielbälle einer Macht, sei sie dunkel oder hell: Unser Schicksal liegt in unseren eigenen Händen, das gilt sowohl auf individueller als auch auf kollektiver Ebene.

Wahrscheinlich denken Sie, dass es schwierig oder sogar unmöglich ist zu handeln, denn immer, wenn sich eine gerechte Stimme erhebt, wird sie zum Schweigen gebracht oder Schlimmeres. Dies geschieht oft, und als oberste Instanz von AMORC weltweit weiß ich eine ganze Menge darüber. Aber trotzdem dürfen wir uns nicht entmutigen lassen, denn wo immer es möglich ist, müssen wir weiterhin handeln. Am wichtigsten ist natürlich, spirituell aktiv zu sein. Wir müssen versuchen, insgesamt positiv zu bleiben, und für unseren Planeten und seine Bewohner beten. Eine positive Haltung einzunehmen, darf uns natürlich nicht daran hindern, eine Situation klar zu beurteilen, und wir müssen sogar akzeptieren, dass manchmal unsere Träume und Illusionen der Wahrheit nicht standhalten. Nicht immer gewinnen die „Freundlichen“ und die „Ehrlichen“, jedenfalls nicht von Anfang an. Wir alle träumen von einer besseren Welt, wo

Liebe und Brüderlichkeit regieren, aber eine solche Welt ist noch sehr weit entfernt. Bevor das sogenannte „Goldene Zeitalter“ Wirklichkeit wird, müssen wir alle noch durch viele Inkarnation gehen, vorausgesetzt natürlich, dass wir nicht unterdessen die Erde zerstört haben.

Ich habe mich immer für einen Weltbürger gehalten, und zwar mit zunehmendem Alter immer mehr, zweifellos, weil ich viel gereist bin und viele Menschen getroffen habe. Dies ist ein sehr starkes und inspirierendes Gefühl, und ich stelle mir gerne vor, dass meine Seele mit der Welt in Einklang schwingt. Die „Globalisierung des Bewusstseins“ wird in dem Rosenkreuzer-Manifest diskutiert, das ich weiter oben erwähnt habe, und dieses Gefühl, das zweifellos Millionen von Humanisten und spirituell eingestellten Menschen miteinander teilen, wird mit Sicherheit wachsen. Die vielen Konflikte, welche die Menschheit erlebt, sind zweifellos ein Zeichen dafür, dass dieser Prozess in Gang gekommen ist. Es ist der ewige Kampf von Gut gegen Böse, der Streit derjenigen, die Öffnung wollen, gegen jene, welche die Dinge lieber im Dunkeln ließen, der Kampf von Evolution gegen Rückschritt. Freilich mögen Ihnen diese Punkte vertraut und keineswegs neu vorkommen, denn sie sind ganz offensichtlich. Dennoch erscheinen sie mir wichtig genug, um wiederholt zu werden.

Die Menschheit erlebt zurzeit größere geopolitische Veränderungen und erhebliche Veränderungen in der Gesellschaft. Ideen, von denen man glaubte, sie seien ausgestorben, kommen wieder ans Tageslicht. Und andere, von denen man glaubte, sie würden für die Ewigkeit gelten, zerbröckeln. Alle Nationen erleben Krisen oder Revolutionen auf politischem oder kulturellem Gebiet. Alles ist bekannt und wird veröffentlicht. Uns regen Dinge auf, die in weit entfernten Ländern geschehen. Die Methoden der Kommunikation, die heutzutage ohne Grenzen stattfindet, haben unsere Ansichten erheblich verändert. Diese Offenheit ist mit Sicherheit durchaus positiv zu sehen, aber wir dürfen uns den negativen Begleiterscheinungen nicht verschließen.

Oft fragen mich Leute nach meiner Meinung zu aktuellen Problemen und würden manchmal gern meine Ansicht zu irgendwelchen Regierungs-Entscheidungen verschiedener Länder wissen. AMORC ist unpolitisch, und seine Verantwortlichen haben unter keinen Umständen das Recht, zu politischen Fragen Stellung zu nehmen. Dies bedeutet nicht, dass Mitglieder von AMORC sich nicht politisch engagieren dürften und in diesem Bereich nicht ihrem freien Willen folgen könnten. Jeder ist frei zu denken und zu handeln, wie er es nach seinen Überzeugungen, seinen eigenen Erfahrungen, seiner Umgebung, seinem Beruf usw. für richtig hält. Mitglieder von AMORC sollten allerdings nicht bei den Leuten, mit denen sie während ihrer Rosenkreuzer-Aktivitäten in Berührung kommen, für irgend eine politische Partei Werbung betreiben. Auch haben sie nicht das Recht, darauf zu bestehen, dass sich ihr Großmeister, oder irgend eine der anderen leitenden Personen, für eine bestimmte Partei einsetzt oder die persönliche politische Zugehörigkeit bekannt gibt.

Seit Beginn des 20. Jahrhunderts ist von Einzelpersonen, Gruppen oder Regierungen, die sich auf Gott berufen, oder die, ganz im Gegenteil, von intoleranten, mächtigen religiösen Autoritäten geleitet werden, viel Unsinn gegen AMORC vorgebracht worden. Man hat AMORC als kapitalistische Bewegung mit extremistischen Tendenzen beschrieben, sogar als antikommunistisches Netzwerk, oder als Anarchisten-Partei, Agentur des Internationalen Sozialismus usw. Das macht natürlich alles keinen

Sinn, und ich wiederhole, die Stärke von AMORC ist, dass der Orden immer unter allen Umständen sein Recht zu politischer Neutralität verteidigt hat. Diese Stärke kann allerdings auch als Schwäche wahrgenommen werden, denn AMORC wird von einigen seiner Feinde gerade wegen seiner unpolitischen Haltung heftig angegriffen. Aber wenn es nicht deswegen wäre, dann wäre es eben wegen etwas anderem.

Die Quelle menschlichen Reichtums liegt in der Unterschiedlichkeit der Individuen. Es ist nicht möglich, dass die ganze Welt genau dasselbe denkt oder fühlt. Darum ist es so wichtig, „Toleranz" hochzuhalten. Ich persönlich habe Freunde aller politischer Richtungen. Für mich ist das kein Problem, denn wenn wir auch auf diesem Gebiet verschiedener Ansicht sein mögen, sind wir uns doch in vielem anderen einig, und das ist die Hauptsache. Was ich gerade über Politik geschrieben habe, passt auch auf unzählige andere Themen, und was darüber zu sagen ist, jetzt zu Beginn des 21. Jahrhunderts, findet sich in der „Positio". In der Folge finden Sie daraus das Wichtigste, und zwar in Zusammenhang mit dem gerade erwähnten Thema: der Politik.

„Was nun die Politik anbelangt, so sind wir der Ansicht, dass diese sich entscheidend erneuern muss. Die großen Systeme des 20. Jahrhunderts, der Marxismus-Leninismus und der National-Sozialismus, die den Anspruch erhoben hatten, definitive soziale Postulate darzustellen, hatten die menschliche Vernunft zurückgedrängt und zu Barbarei geführt. Der entsprechende Determinismus dieser beiden totalitären Systeme hatte das natürliche Bedürfnis der Selbstbestimmung des Menschen in fataler Weise verletzt und so sein Recht auf Freiheit verräterisch hintergangen, wodurch einige der schwärzesten Seiten der Geschichte geschrieben wurden. Die Geschichte hat das eine und das andere Modell ausgeschieden, hoffentlich für immer. Wie man darüber auch denken mag, haben politische Systeme, die sich auf einen Monismus eines einzigen Gedankens festlegen, doch oft gemein, dass sie dem Menschen eine 'Heilsdoktrin' aufzwängen, und das mit der Absicht, ihn aus seinem unvollkommenen Zustand zu erlösen und in einen sogenannten 'paradiesischen' Zustand zu heben. Dazu kommt, dass die meisten dieser Systeme den Bürger nicht zum Nachdenken auffordern, sondern zum Glauben; er soll vielmehr an die Sache glauben, was diese Systeme dann mit 'religiösen Laienständen' verwandt macht.

Im Gegensatz dazu sind Gedankengänge der Rosenkreuzer nicht monologisch, sondern dialogisch und pluralistisch. Dadurch stimulieren sie den Einzelnen, in Dialog mit anderen zu treten, und unterstützen die Pflege menschlicher Beziehungen. Sie erkennen die Vielseitigkeit der Ansichten und die Verschiedenartigkeit des Verhaltens an. Strömungen dieser Art finden ihre Nahrung im Austausch, in der Wechselwirkung und selbst im Widerspruch, etwas, was totalitäre Ideologien strikt verbieten. Dies ist übrigens der Grund, warum totalitäre Systeme, welcher Art auch immer, rosenkreuzerisches Denken stets bekämpft haben. Seit seinem Ursprung rühmt sich das Rosenkreuzertum des Rechts, sich seine Ansichten selbständig zu bilden und seine Ideen frei zu äußern. In dieser Beziehung sind die Rosenkreuzer keine Freidenker, sondern einfach freie Denker.

Im gegenwärtigen Zustand der Welt scheint uns die Demokratie die geeignetste Staatsform zu sein, was natürlich gewisse Schwächen nicht ausschließt. Nachdem jegliche echte Demokratie auf der Freiheit der Meinungsbildung und ihres Ausdrucks gründet, bilden sich im Allgemeinen eine Vielzahl von Tendenzen bei den Regierenden und den Regierten heraus. Diese Pluralität kann immer wieder zu Spannungen mit all ihren Konfliktrisiken führen. Daher sind die meisten demokratischen Staaten politisch gespalten, und deren Vertreter liegen sich kontinuierlich und fast systematisch in den Haaren. Diese politischen Spaltungserscheinungen kreisen meistens um eine Mehrheit und eine Opposition, was uns in einer modernen Gesellschaft nicht mehr zeitgemäß dünkt, weil es die Regeneration der Menschheit aufhält. Das für jede Nation hier anzustrebende Ideal wäre die Bildung einer Regierung, in der alle vorhandenen Tendenzen vereinigt wären und in der die fähigsten Persönlichkeiten die Staatsgeschäfte zu führen hätten. In Ausweitung dieses Gedankens wünschen wir uns, dass es eines Tages eine repräsentative Weltregierung aller Nationen geben wird, gegenüber der die UNO lediglich ein Embryo wäre."

Dies ist der einzige politische Standort, den ich Ihren Überlegungen anheim stelle. Meine persönlichen Meinungen, die ich natürlich habe, behalte ich für mich! Doch im Namen von Demokratie und brüderlicher Zusammengehörigkeit, welcher wir als menschliche Wesen unterliegen, ermutige ich Sie, für die Politik der universalen Liebe zu stimmen, und auf der Seite des einzigen Wesens zu verharren, welches dies verdient: Ihr Innerer Meister.

## Der Heilige Geist

Die Verwendung dieses Begriffes ist, entgegen allgemeiner Annahme, nicht auf das Christentum beschränkt. Der Heilige Geist stellt natürlich die dritte Person der christlichen Dreifaltigkeit dar, aber das ist nur ein Aspekt seiner esoterischen Bedeutung. Um den Ursprung dieses Ausdrucks zu verstehen, sollten wir uns daran erinnern, dass das Wort 'Geist' im Alten Testament wie auch im Neuen Testament gleichermaßen vorkommt. Allerdings unterscheidet sich seine Bedeutung in den beiden Teilen der Bibel, wobei dieser Unterschied wahrscheinlich durch verschiedene Übersetzer zustande gekommen ist oder aus dem Wunsch entstand, die Bedeutung zu verändern.

Im Alten Testament steht in der Genesis folgendes geschrieben: „Der Geist Gottes schwebte über den Wassern". In einer Studie zur lateinischen, hebräischen und griechischen Übersetzung der Bibel wurde bestätigt, dass der Ausdruck 'Geist' (in Latein 'Spiritus') auf Hebräisch 'Ruah' heißt, und auf Griechisch 'Pneuma', welche Worte beide den Atem und die Seele Gottes bezeichnen, während in der Kabbala der göttliche Atem 'Ain Soph Aur' genannt wird, was 'unaussprechliches Licht' bedeutet. Auf diese Weise entstand eine Verbindung zwischen 'Göttlichem Licht' und 'Heiligem Geist'. Die Maritinisten verwenden den Ausdruck 'Heiliger Geist' in diesem Sinne.

In der jüdisch-christlichen Tradition wird der Heilige Geist oft als Feuer symbolisiert, und dies versteht man durch die Verbindung des Göttlichen Lichts mit dem Heiligen Geist. Irdisches Feuer repräsentiert traditionsgemäß die regenerative Kraft Göttlichen Feuers. Wenn man es als Mittel zur Transmutation betrachtet, kann, nach Louis-Claude de Saint-Martin, mit seiner Hilfe aus dem „Menschen der Sehnsucht" der „neue

Mensch“ geboren werden. Auch müssen die Buchstaben „INRI“, auf dem Kreuz von Meister Jesus, in diesem allegorischen Sinn interpretiert werden, denn diese Buchstaben sind die Abkürzung des lateinischen Ausdrucks „Igne Natura Renovatur Integra“. Das bedeutet: „Durch Feuer wird die Natur vollkommen regeneriert“. Auf den Menschen bezogen, bedeutet dieser esoterische Ausdruck: „Durch das göttliche Feuer wird die menschliche Natur vollkommen wiederhergestellt“. Im christlichen Kontext bedeutet es, dass Jesus als Erlöser der Welt auf die Erde gekommen ist, um die Sünden der ganzen Menschheit auf sich zu nehmen und ihr kollektives Karma zu reinigen.

Außer den Fähigkeiten des Feuers, die durch seine Hitze bedingt sind, ist es auch eine Lichtquelle, denn selbst die kleinste Flamme erhellt ihre Umgebung. Es war daher ganz natürlich, dass Feuer als Symbol von ‘gut’ und ‘wahrhaftig’ eingeführt wurde, im Gegensatz zu den Schatten, die das Böse und Fehler repräsentierten. Feuer symbolisiert neben dem Göttlichen Licht auch den Zustand von Bewusstheit, den erleuchtete Personen erreichen. Genau das ist es, warum ein Messias, Propheten und Avatare als Wesen beschrieben werden, die in das göttliche Feuer geblickt haben oder von ihm verzehrt worden sind. Eines der wichtigsten Beispiele für dieses Bild liefert die Bibel in dem Kapitel, wo Gott Moses als brennender Busch erscheint. Und auch in der christlichen Ikonographie werden die Apostel oft mit einer Flamme über ihren Häuptern dargestellt, wobei diese Flamme symbolisiert, dass sie vom Heiligen Geist erleuchtet worden sind.

Ursprünglich bezog sich also der Heilige Geist auf Gott selbst und bedeutete sowohl Licht, das er im „neuen Menschen“ entzündet, als auch Atem, durch den er dieses Licht verbreitet. Dies ist der Grund dafür, warum einige Initiierte, wie Willermoz,

Böhme, Swedenborg und Saint-Martin den Heiligen Geist auch als „das Wort“ betrachten. Wenn wir diesem Gedanken folgen, tritt das Johannes-Evangelium in eine weitere Dimension ein, denn wir können jetzt wie folgt übersetzen: „Zu Beginn war der Geist, und der Geist war bei Gott, und der Geist war Gott“. Wenn man so übersetzt, versteht man besser, warum das Göttliche in eine Dreieinigkeit aufgeteilt wurde, die im Christentum Gott, den Vater, Gott, den Sohn, und Gott, den Heiligen Geist, symbolisiert. Diese Dreiteilung wurde von den Vätern der christlichen Kirche auf den Konzilien von Nicäa (325) und Konstantinopel (381) eingeführt. Zuvor hatte das Wort ‘Geist’ die traditionelle Bedeutung aus dem Alten Testament gehabt, nämlich ‘Göttlicher Atem’.

Da wir gerade vom ‘Göttlichen Atem’ sprechen, ist es vielleicht von Interesse, dass Mystiker dem Atem zusätzlich immer zwei weitere Funktionen zugeordnet haben. Die erste ist rein physiologischer Natur und bezieht sich auf die maximale Ausatmung von Kohlendioxyd aus den Lungen, um diese zu reinigen und zu regenerieren. Dies ist auch das Ziel bestimmter Atemübungen.

Die zweite Funktion von Atem hat eine spirituelle Bedeutung und ermöglicht die Konzentration der kosmischen Essenz, die in der Luft enthalten ist, oder ihre Ausrichtung auf einen bestimmten Punkt, wie oft bei mystischen Übungen. Bei gewissen religiösen Zeremonien und einigen Initiations-Riten wird Atem benutzt, um den Kandidaten ein spezielles „Hineinfließen“ zu vermitteln, um ihnen eine Eigenschaft, eine Autorität, ein Sakrament, Kraft oder ein anderes Attribut zukommen zu lassen. So werden sie zum göttlichen Beauftragten und zu einem Instrument seiner Allgegenwart, seiner Allmacht und seiner Allwissenheit.

Der Initiant muss dann selbst entscheiden, wie er nutzt, was ihm gegeben wurde, und, wie er, oder sie, es auf der mystischen Suche und für die eigene innere Entwicklung einsetzen will.

Es ist klar, dass die christliche Dreieinigkeit eine esoterische Bedeutung besitzt, welche die anthropologische Vorstellung von Vater, Sohn und Heiligem Geist vermittelt, welcher die dritte Person dieser Dreiheit darstellt. Aus esoterischer Sicht entspricht der Vater dem göttlichen Gedanken, der Sohn dem göttlichen Wort und der Heilige Geist der göttlichen Tat. Nach diesem Prinzip wurde die ganze Schöpfung, die sichtbare und die unsichtbare, durch den „großen Architekten des Universums" empfangen, in Bewegung gesetzt und in Aktion gehalten. Hinzu kommt, dass auch im Menschen diese Dreiteilung seiner Tätigkeit beobachtet werden kann, denn ihm sind Denken, Sprache und Handlungsfähigkeit gegeben. Aus diesem Grund schreiben alle heiligen Schriften, mehr oder weniger im gleichen Wortlaut: „Der Mensch wurde geschaffen als Gottes Ebenbild". Das Ziel menschlicher spiritueller Entwicklung liegt darin, dies zu realisieren und im täglichen Verhalten widerzuspiegeln, so dass sein Originalzustand als „Adam Kadmon" wieder mit einbezogen wird.

In einer seiner Schriften fasst Willermoz diese Vorstellungen sehr gut zusammen. Er sagt: „Die erste Kraft Gottes ist der göttliche Gedanke oder die göttliche Absicht, die als Schöpfer wirkt, empfängt und in sich selbst alle Schöpfungspläne aufzeichnet. Es ist die erste Manifestation der Einheit, wir nennen sie Vater aller Dinge und sprechen von Allmacht.

Die zweite Kraft ist der göttliche Wille, die zweite Manifestation der Einheit. Es ist das Wort und formuliert die göttliche Absicht. Darum nennen wir es Gottes einzigen Sohn und sprechen von Allwissenheit und unendlicher Weisheit.

Die dritte Kraft ist die göttliche Tat selbst, das große 'Es möge geschehen', das dafür sorgt, dass alle Pläne der geistigen Schöpfung richtig ausgeführt werden, die in den Gedanken Gottes entstanden sind, aufgenommen und entschieden durch den Willen des Sohnes. Wir sprechen vom Heiligen Geist, denn es ist tatsächlich der Geist der göttlichen Einheit mit allen ihr innewohnenden Kräfte."

In seinem Werk mit dem Titel „Der Mensch der Sehnsucht" erwähnt auch Louis-Claude de Saint-Martin das Bild von Vater, Sohn und Heiligem Geist. Er schreibt: „Der ewige, allmächtige Schöpfer, dessen unermessliche Kraft das ganze geistige und körperliche Universum erfüllt, trägt in seiner Größe unzählige Wesen, die er, wie es ihm gefällt, aus seinem Herzen entlässt. Jedem dieser Wesen gibt er Gesetze, Regeln und Gebote mit, die als Verbindungs-Punkte zwischen diesen verschiedenen Wesen und dem großen Gott dienen.

Ihre Bindung an den Schöpfer ist so fest, dass sie ihr nicht entkommen können. Was immer sie tun, sie können den Kreis nicht verlassen, in den sie gestellt sind, und jeder Punkt in diesem Kreis, den sie hinter sich lassen mögen, bleibt doch immer mit dem Mittelpunkt verbunden. Und darüber hinaus bleibt auch der Mittelpunkt jedes einzelnen Kreises immer im Zwiegespräch und in Verbindung mit dem Zentrum der Zentren.

Die Verbindung der individuellen Mittelpunkte mit dem Zentrum des Universums ist der Heilige Geist. Die Verbindung des Zentrums des Universums mit dem Mittelpunkt aller Zentren ist der Sohn, und der Mittelpunkt des eigentlichen Zentrums ist der allmächtige Schöpfer. Auf diese Weise erschafft Gott Vater Wesen, sein Sohn belebt sie, und dieses Leben ist der Heilige Geist."

Damit soll erklärt werden, dass Vater, Sohn und Heiliger Geist mit Aktivitäts-Zentren in Verbindung stehen, die Gott selbst zuzurechnen sind, und welche konsequenterweise Schöpfung bewirken. Darum erscheinen diese Zentren nicht als Sephiroth auf dem Lebensbaum. Wenn wir uns den Lebensbaum ansehen, stellen wir fest, dass die drei höheren Quellen, die direkt aus dem göttlichen Gedanken, dem Wort und der Tat entspringen, Kether, Chockmah und Binah entsprechen. Diese drei Sephiroth allerdings gehören zur manifestierten Welt, obwohl sie die höhere Welt darstellen. Sie sind Attribute Gottes, oder, genauer gesagt, die wichtigsten Gesetze, nach denen er sich in der unsichtbaren Welt manifestiert. So ist Kether Gottes erste Quelle, nämlich das männlich-weibliche Prinzip der Schöpfung. Chockmah ist Gottes zweite Quelle und repräsentiert das männliche Prinzip. Und Binah, die dritte Quelle, symbolisiert das weibliche Prinzip. Diese drei Prinzipien finden wir am Ursprung alles Existierenden, auf der materiellen und auf der spirituellen Ebene.

Wir können die Frage stellen, warum Jesus nach der christlichen Tradition mit dem Heiligen Geist in Zusammenhang gebracht wird. Im Neuen Testament wird Jesus oft als „der wiedergeborene Geist" oder „der, bei dem Geist zu Fleisch wurde" bezeichnet. Entsprechend wird Jesus als „reiner Geist" und „strahlender Geist" beschrieben. Ich glaube, dass dies so ist, weil man Jesus für den vollkommensten Avatar der Menschheit hält, den diese während ihrer lang andauernden Evolution hervorgebracht hat. Um es noch einmal anders zu sagen, so ist Meister Jesus wahrscheinlich der Einzige, der den höchsten

Stand von Bewusstheit erreicht hat, den Menschen am Ende ihrer langen Reihe von Wiedergeburten überhaupt erreichen können. Als solcher war er der lebende Ausdruck des göttlichen Wortes, oder auch der Ausdruck von Gottes eigenem Geist.

Wenn wir meditieren, können wir den Heiligen Geist als göttlichen Atem anrufen, der reinigt, regeneriert, inspiriert und alle Wesen erleuchtet. Jedes Mal, wenn wir dies mit Ernsthaftigkeit versuchen und auch hoffen, dass dieser Hauch bei uns in Körper und Seele eintreten wird, dann werden wir einen spirituellen Zufluss erleben, der uns innerlich emporhebt, selbst wenn wir dies nicht bemerken.

## Alleinsein

Es ist schon oft vorgekommen, dass Menschen mir anvertraut haben: „Ich fühle mich allein", „ich fühle mich einsam", „ich fühle mich ausgeschlossen", „ich passe nirgendwo dazu", „man hat mich verlassen" und ähnliches.

Unabhängig davon, ob wir extrovertiert oder introvertiert sind, erleben wir „Alleinsein" verschieden. Manche sagen, das gibt es gar nicht, andere behaupten, dass man sich daran gewöhnt. Ich selbst habe als Einzelkind eine Form des Alleinseins erlebt und bin ziemlich in mich gekehrt.

Aber die Dinge haben sich schon lange geändert, und heute bin ich glücklich darüber, eine große Familie zu haben, oder eher zwei große Familien, denn ich bin ein Kind der Rosenkreuzer und habe daher Tausende von Brüdern und Schwestern, Freunden und Weggefährten. Ich bin nie allein. Das gleiche Gefühl entsteht, wenn man sich dessen bewusst wird, zu der großen menschlichen Familie zu gehören.

Der lateinische Ursprung des Wortes „Alleinsein" ist „solitudo". Im Lexikon wird „Alleinsein" folgendermaßen definiert: „Die Situation einer Person, welche im Moment oder auf Dauer allein ist. Alleinsein ist der Zustand von Verlassenheit, von Trennung, den eine Person empfindet, anstatt mit menschlichen Regungen anderer oder der Gesellschaft in Verbindung zu stehen."

Im täglichen Leben kann Alleinsein sehr belastend sein, sogar belastender als irgendetwas anderes, wenn es durch eine Tragödie verursacht worden ist, wie dies manchmal geschieht: eine Behinderung, eine endgültige oder vorübergehende Trennung von jemandem, der einem lieb ist, oder dadurch, dass man verlassen wird. Der berühmte französische Dichter des 19. Jahrhunderts Alphonse de Lamartine schrieb: „Du vermisst eine einzige Person, und die ganze Welt ist leer!“

Es gibt Menschen, die von Natur aus isoliert leben, und andere, die sich, obwohl sie täglich viele Leute treffen und ständig eine Menge Kontakte haben, schrecklich einsam fühlen. Diese emotionale Isolation findet ausschließlich im Kopf statt, und es ist lebenswichtig, daraus nicht irgendeine Art von Wohlbefinden zu beziehen, und nicht unsichtbare Mauern ohne Tür und Fenster zwischen uns und den anderen aufzubauen. Die Leute glauben natürlich, dass solche Wände sie schützen, aber das ist nicht so, ganz im Gegenteil: Gibt es keinen Ausgang nach draußen, wird unser Inneres erstickt; es wird verhindert, dass wir unsere Gefühle loswerden, und wir sind einer ungesunden Atmosphäre gefangen, die schädlich und gefährlich für unsere emotionale und körperliche Gesundheit ist.

„In unserer Sprache kommen die beiden Seiten des Alleinseins sehr weise zum Ausdruck. Einmal gibt es das Wort ‘Einsamkeit’, um das Schmerzhafte am Alleinsein auszudrücken. Und außerdem gibt es das Wort ‘Alleinsein’, um anzudeuten, wie wunderbar es sein kann, wenn man allein ist.“

Paul Tillich

Man kann beobachten, dass Menschen, die ihr Alleinsein kultivieren, selten heiter und gesprächig sind und auch nicht auf andere eingehen. Man könnte zwar einwenden, dass sie auch einfach nachdenkliche und meditative Leute sein können. Auf ihre eigene Art mögen sie sogar sehr glücklich sein, großen inneren Reichtum besitzen und in ihrer eigenen Gesellschaft zufrieden sein usw. Ich habe keinen Zweifel daran, dass dies möglich ist, und ich kenne auch Menschen, die so sind. Aber in manchen

Fällen kann solches Alleinsein auch eine Unzufriedenheit verbergen, sogar eine Tendenz zu Depressionen, eine nie endende eigenartige Dunkelheit. Besonders, wenn zu dem Alleinsein noch Stillschweigen hinzukommt, kann das oben gesagte umso wahrscheinlicher werden. Das ist natürlich nicht immer der Fall, und man kann genauso gut sagen, dass übermäßiges Reden und Agieren symptomatisch für ein enormes Gefühl von Alleinsein und innerer Leere sein kann.

„Wenn ich gesagt habe, 'Alleinsein ist heilig', habe ich mit 'Alleinsein' nicht gemeint, dass jemand von anderen Menschen und der Gesellschaft getrennt lebt oder sie vollkommen in Vergessenheit geraten lässt, sondern ich habe gemeint, dass jemand sich zurückzieht, so dass seine Seele mit sich selbst in Verbindung treten kann."

Alfred de Vigny

Es ist bekannt, wie wichtig es ist, dass wir mit uns selbst gut zurecht kommen, aber das schließt nicht aus, dass wir auch für andere angenehm im Umgang sind. Sie könnten darauf antworten, dass Leute im Allgemeinen nicht besonders liebenswürdig sind, und man möchte deshalb am liebsten nicht viel mit ihnen zu tun haben, und dass ihre ganz offensichtlichen Fehler mehr Ärger und Belastungen bedeuten als Zuwendung oder Interesse.

Was ist die Ursache des Gefühls, allein zu sein, so dass wir oft sagen, wir seien immer allein? Liegt es daran, dass wir bedauern, eine Familie, die große universale Seele, verlassen zu müssen, sobald wir wiedergeboren werden? Oder liegt es daran, dass uns unsere biologische Mutter, sobald sie uns aus ihrem Körper entlassen hat, dazu zwingt, innerhalb weniger Augenblicke zu einem unabhängigen Wesen zu werden, und von da an, ganz allein auf uns gestellt, ein neues Universum zu entdekken? Oder sind es die Verantwortlichkeiten und Pflichten, die auf uns, als einzelnem Wesen, lasten?

„Im Alleinsein sind wir am wenigsten allein“.
Lord Byron

Wenn wir eine Schwierigkeit überwunden oder eine schwere Prüfung bestanden haben, dann sind wir stolz, es ganz allein geschafft zu haben, ohne Hilfe eines anderen. Eine persönliche Tat ist oft eine wertvollere Erfahrung und fühlt sich besser an als der Erfolg in einer Gruppe. Dieses Grundprinzip erleben wir vom Anfang bis zum Ende unseres Lebens immer wieder, nämlich, dass sich zu Individualität Verantwortung gesellt und oft Schuldgefühle. Diese können natürlich auch kollektiv auftreten und mit einer Nation oder einer bestimmten Gruppe zusammenhängen, aber meistens betreffen sie uns selbst.

Um auf dieses Gefühl des Alleinseins zurückzukommen, das wir alle mehr oder weniger stark erleben, kann man sagen, dass es am häufigsten in schwierigen Zeiten auftritt, wenn wir traurig sind oder Schmerzen haben. Hinzu kommt das Gefühl, dass andere uns nicht verstehen, der Eindruck, dass Handlungen und Arbeiten, die wir ausgeführt haben, nicht anerkannt werden, ein Alleinkämpfer zu sein, dem niemand hilft oder den keiner unterstützt, kurz, allein zu sein, vollkommen allein, und eine schwere Last auf unseren Schultern tragen zu müssen, und „alles Elend der Welt“.

Das Gefühl, dass wir von jemand anderem, oder von anderen Menschen, nicht verstanden werden, oder, wie man auch sagt, „in der Wüste predigen“, „nicht gehört werden, selbst wenn man laut ruft“ usw., hinterlässt im Herzen des Menschen ein tief reichendes Gefühl von Alleinsein. Wahrscheinlich wird dies noch lange Zeit so bleiben, denn es ist Teil unseres menschlichen Wesens, es hat mit unserem Ego zu tun.

Sie, als Leser dieser Überlegungen, erinnern Sie sich daran: Sie sind nicht allein!

„Heute will ich mir die Zeit nehmen, allein zu sein. Ich nehme mir Zeit, um ruhig zu werden. In dieser Stille will ich lauschen und ich werde meine Antworten hören."

Ruth Fishel

# Harmonie

Einführend möchte ich zunächst sagen, dass Harmonie etwas mit Wesensverwandtschaft zu tun hat, so, wie wir sie im täglichen Leben spüren und erfahren. Wenn wir verallgemeinern wollen, entspricht Harmonie dem Bewusstseinszustand, den man erlebt, wenn man mit sich selbst, mit anderen und mit der Natur im Reinen ist. Daraus kann man ableiten, dass sich Harmonie auf drei Ebenen ausdrückt, die zwar verschiedenen sind, aber doch einander ergänzen.

Sich mit sich selbst in Harmonie zu befinden, bedeutet zunächst, sich körperlich zu akzeptieren. Wir haben einen Körper, den wir mehr oder weniger attraktiv finden können. Jedoch gibt es keine absoluten Kriterien für körperliche Schönheit. Diese Art von Schönheit entspricht bestenfalls Standards, welche Menschen selbst festgelegt haben, und diese Standards sind ungenau und reflektieren oft nur eine Mode oder irgendeine Verrücktheit. Hinzu kommt, dass sie nur für solche Leute wichtig sind, die auf Äußerlichkeiten Wert legen, was eine oberflächliche oder sogar künstliche Weltanschauung erkennen lässt. Man kann nicht auf Dauer glücklich sein, wenn man körperliche Schönheit dafür als Voraussetzung betrachtet. Denn sie bezieht sich auf den sterblichen und veränderlichen Aspekt unseres Seins.

Vom Standpunkt der Rosenkreuzer aus hat die sichtbare Welt nur Wert, wenn sie die göttliche Wirklichkeit widerspiegelt, die uns das Leben gibt, und welche wir durch Gedanken, Worte und Taten zu bezeugen haben. Dies bedeutet, dass wir vor allem auf unsere innere Schönheit achten sollten, denn nur sie ist wichtig im Hinblick auf spirituelle Entwicklung. Außerdem, Menschen, die innerlich schön sind, sind auch äußerlich schön, trotz aller körperlichen Unzulänglichkeiten. Denn das Licht, das aus der Tiefe ihres Wesens hervorkommt, verleiht diesen Menschen ein Strahlen und eine Anziehungskraft, die ihre äußere Erscheinung ausmachen. Umgekehrt kann nichts innere Hässlichkeit verdecken, denn diese macht sich immer bemerkbar, selbst wenn ein Mensch als körperlich wunderschön zu betrachten ist. In jedem Fall sollte nicht der Körper das Objekt der Bewunderung sein, wie dies leider zu oft in modernen, materialistisch eingestellten Gesellschaften der Fall ist. Es ist vielmehr die Seele, die den Körper belebt.

Sich in seinem Körper wohl zu fühlen, reicht nicht aus, um mit sich selbst in Harmonie zu leben. Man muss auch das intellektuelle Niveau akzeptieren, auf dem man sich befindet. Ich habe mich oft mit Menschen unterhalten, die darunter litten, dass sie keine anspruchsvollere Ausbildung angestrebt hatten. Die sich dafür entschuldigten, dass sie „nur Handwerker“ seien. Dabei ist weder ein hoch entwickelter Intellekt das Ziel aller Dinge, oder ein Maß für Liebenswürdigkeit, oder ein Maßstab spiritueller Entwicklung. Und auch, wenn jemand kultiviert ist, so bedeutet dies nicht alles. Das kann man schon daran sehen, dass viele Wissenschaftler erhebliche Materialisten sind und keine Skrupel haben, ihr Wissen für Schlechtigkeiten einzusetzen. Sind unsere Hände nicht die wunderbarsten und am höchsten entwickelten Werkzeuge, die es gibt? Was könnte also edler und wertvoller sein, als wenn man sie dazu benutzt, für sich selbst und für andere Nützliches zu bewirken?

Für Mystiker ist es die Intelligenz des Herzens, welche den Wert eines Menschen ausmacht, also die Bereitschaft, anderen mit seinen Fähigkeiten zu dienen, unabhängig davon, ob sie intellektuell oder praktisch ausgerichtet sind. Wir alle haben Begabungen und Fähigkeiten, die zum Wohl der Allgemeinheit beitragen können. Um mit sich selbst in Harmonie zu leben, ist es also am besten, sich erstens nicht darüber aufzuregen, was man nicht kann oder nicht weiß, und zweitens, Wissen und Erfahrung mit anderen zu teilen. Wenn wir dies tun, werden wir unsere innere Überzeugung festigen, dass wir für andere nützlich sind und das Richtige tun. Dies führt zu einem Gefühl innerer Freude und zu einem guten Gewissen. Von diesem Gefühl werden alle Menschen getragen, die versuchen, das Beste aus sich herauszuholen, während sie gleichzeitig, sowohl auf körperlicher als auch auf spiritueller Ebene, glücklich darüber sind, wie sie eben sind.

Man kann also nicht in Harmonie mit sich leben, wenn man sich selbst als Individuum nicht mag, nämlich als Seele, die sich in einem Körper entfaltet. Natürlich darf sich diese Selbstliebe nicht zu Egozentrik oder Eitelkeit entwickeln. Man sollte einfach sich selber ein guter Freund sein. Und dazu gehört auch, dass man seine Unzulänglichkeiten und Schwächen toleriert, solange sie nicht die eigene oder die Integrität anderer beeinträchtigen. Da wir gerade davon sprechen, es gibt viele Menschen, die sich selbst nicht leiden können, oder die sich das Eine oder das Andere übelnehmen. Dies ist eine negative Haltung, denn solche Leute werden zu einem Feind ihrer selbst, und sie befinden sich ständig in einem Zustand inneren Zwiespalts. Das kann an der Vergangenheit nichts ändern, die sie sich nicht verzeihen, aber es trübt ihren Blick auf die Zukunft und lässt sie oft bitter werden.

Ich glaube wirklich, wenn man mit sich selbst in Harmonie leben möchte, ist es am besten, sich nicht mit anderen zu vergleichen. Sobald wir dies tun, schätzen wir uns selbst entweder als unterlegen oder als überlegen ein. Im ersten Fall entwickelt sich ein Minderwertigkeitskomplex, der unseren inneren Frieden stört, im zweiten Fall fühlt sich unser Ego geschmeichelt, und das läuft den reinen Absichten unserer Seele zuwider. In beiden Fällen ist ein Zustand der Disharmonie das Ergebnis. Um diese Disharmonie zu vermeiden, geht man am besten davon aus, dass jeder von uns ein einzigartiges Wesen ist, und dass gerade diese Einzigartigkeit unseren Wert ausmacht, sowohl in den Augen von Menschen als auch aus der Sicht Gottes. Darum sollten wir uns mit uns selbst vergleichen, und zwar von Tag zu Tag, von Monat zu Monat und von Jahr zu Jahr. Denn darin liegt der Schlüssel zu unserer spirituellen Entwicklung. Und wenn wir am Ende des Tages sagen können: „Heute war ich besser als gestern", dann sind wir einen weiteren Schritt auf dem Weg zur Harmonie vorangekommen.

Nun wollen wir uns ansehen, was Harmonie mit anderen bedeutet. Man kann davon ausgehen, dass der Mensch nicht geschaffen ist, um allein zu leben, getrennt von seinen Mitmenschen. Sie werden auch feststellen können, dass Menschen, seit sie auf der Erde sind, immer in Gruppen gelebt haben. Dies ist so, weil es in ihrer Natur liegt, die Gesellschaft anderer zu suchen, einmal aus Gründen der eigenen Sicherheit, und außerdem, um ihre Sehnsucht nach Zuwendung zu befriedigen. Dieser Instinkt, in Gruppen leben zu wollen, ist sehr machtvoll und erklärt, dass es heutzutage Familien gibt, Dörfer, Städte, Regionen und Nationen. Die ganze Menschheit ist dadurch entstanden, dass sich Leute unaufhörlich fortgepflanzt haben, und dass dadurch der Einfluss von Arten und Rassen verbreitet wurde. So stellt die Menschheit an sich einen einzigen Körper dar.

Aus naheliegenden Gründen sollte „Harmonie mit anderen" zunächst in unserer eigenen Familie kultiviert werden. Wenn wir nämlich nicht in der Lage sind, mit unserem Partner, unseren Kindern oder Brüdern und Schwestern harmonische Beziehungen zu unterhalten, dann wird es sicher schwer, wenn nicht unmöglich, für Frieden in der Welt zu sorgen. Natürlich kann es mit unseren Nächsten Uneinigkeiten geben, aber diese sollten sich niemals zu einem Machtkampf entwickeln, der zu unangenehmen Worten oder Taten führt. Schon deshalb, weil es viel mehr Gründe dafür gibt, die zu lieben, die uns lieben, als dafür, sie zu verletzen oder ihnen Böses zu wünschen.

Wenn es stimmt, dass wir danach streben sollten, innerhalb unserer Familie Harmonie zu bewahren, dann sollten wir auch unsere sozialen und beruflichen Beziehungen pflegen. Dies ist nicht immer einfach, denn manchmal treffen wir auf unangenehme Leute. Aber wenn dies geschieht, sollten wir uns zunächst vergewissern, dass wir nicht selbst der Grund für die Missstimmungen sind, denn dann hätten wir unsere Pflichten vernachlässigt und würden unser eigenes Karma in negative Bewegung setzen. Wenn wir eine unharmonische Situation erleben, sollten wir versuchen, die Atmosphäre wieder zu harmonisieren, indem wir positive Gedanken, Worte und Taten gegen diejenigen negativen Gedanken, Worte und Taten in Bewegung setzen, deren Zeuge wir werden oder denen wir ausgesetzt sind. Zu einem Machtkampf gehören mindestens Zwei. Wann immer sich einer ankündigt, ob mit einem Arbeitskollegen, einem Nachbarn oder einem Fremden, sollten wir uns weigern, den zweiten Pol zu übernehmen. Mit anderen Worten, wir sollten uns auf unsere Willenskraft besinnen, um nicht der zweite Punkt in einem Dreieck von Missstimmung zu werden.

Jeder Mensch sollte sich als Weltbürger fühlen und sich entsprechend verhalten. So sollte auch jeder dafür beten und arbeiten, dass zwischen allen Menschen und Nationen Harmonie regieren möge. Es stimmt zwar, dass es eine Tendenz gibt, die Interessen der eigenen Gruppe, des eigenen Landes, der eigenen sozialen Klasse und Religion, wenn man denn eine hat, anderen vorzuziehen. Diese Tendenz ist der Grund für die vielen Kriege in der Geschichte der Menschheit. Trotzdem sind Menschen dazu bestimmt, einander zu lieben und die Erde zu dem Paradies zu machen, nach dem sich tief in ihrem Innern alle sehnen. Dazu gehört es, sich gegenüber allen Rassen, Nationalitäten, sozialen Klassen und Religionen tolerant zu verhalten. Wir setzen damit ein Beispiel, indem wir uns geistig und moralisch so verhalten, wie es überall in der Natur gegeben ist. Dies sollte unser Lebensziel sein, unsere Aufgabe und unser Ehrgeiz, wenn wir denn als Humanisten gelten und für eine bessere Welt in der Zukunft arbeiten wollen.

Ich sagte gerade, dass es der Erde bestimmt ist, sich in das Paradies zu verwandeln, welches alle Menschen mehr oder weniger bewusst ersehnen. Dies bringt mich zur dritten und letzten Ebene, in der Harmonie wichtig ist, nämlich zur Natur selbst. Zunächst einmal überrascht es mich, dass manche „Mystiker" Ökologie für einen Bereich halten, der nichts mit Spiritualität zu tun hat. Als Argument für diese absurde Überzeugung weisen sie darauf hin, dass Meister und Initiaten der Vergangenheit in ihrem Unterricht, ihren Predigten oder ihren Vorlesungen dieses Thema nie erwähnt haben. Dieses Argument ist völliger Unsinn. Es ist doch klar, dass Moses, Buddha, Jesus oder Mohammed über dieses Thema nicht gesprochen haben, weil damals das Problem überhaupt noch nicht bestand. Damit ist zwar nicht gesagt, dass die Leute vergangene Zeiten ihre Umwelt respektiert hätten, aber wenigstens haben sie sie nicht auf so schreckliche Weise zerstört.

Aus der Sicht eines Mystikers ist die Erde der Tempel der Menschheit, genauso, wie unser Körper der Tempel für unsere Seele ist. Diesen nicht zu respektieren, ihn nicht zu bewahren, bedeutet ganz einfach, die Grundlage unserer individuellen und kollektiven Entwicklung zu zerstören. Ein Meisterwerk der Schöpfung würde ausgelöscht werden. Kann doch jeder die Harmonie und Schönheit all dessen bewundern, was sie hervorgebracht hat. Die Erde ist buchstäblich die Mutter aller Lebewesen, die auf ihr leben. Wie jeder weiß, hat der Mensch sie leider durch Ignoranz, Vernachlässigung oder Gier in große Gefahr gebracht. Verunreinigung von Boden, Wasser und Luft, intensive Waldrodung und die übermäßige Ausbeutung natürlicher Reserven beweisen dies. Wenn auf Weltniveau nichts getan wird, um die zahlreichen Geschwüre zu heilen, an denen unser Planet leidet, dann, und das ist sicher, wird er langsam zu Tode kommen, und wir alle werden für diese Tragödie verantwortlich sein.

Trotz allem, lassen Sie uns Vertrauen haben und auf das Beste im Menschen setzen. Lassen Sie uns Zeugnis ablegen für den Respekt gegenüber der Erde und auch gegenüber allem, was sie beinhaltet. Lassen Sie uns niemals vergessen, dass die Erde das „Gefährt der universalen Seele" ist, so, wie sie sich in den verschiedenen Erscheinungen der Natur manifestiert. Für mich ist klar, dass das menschliche Bewusstsein das Produkt einer zeitgebundenen Evolution ist, die sich durch Pflanzen, Tiere und schließlich den Menschen selbst vervollkommnet hat. Und wenn Menschen die am weitesten entwickelten Wesen auf unserem Planeten sind, dann heißt das nur, dass sie in der Evolution weiter fortgeschritten sind als alle anderen Lebewesen. Damit stellt die Menschheit nur ein Glied in der Kette dar, die das Leben vor mehreren Millionen Jahren, als es sich auf der Erde manifestierte, geknüpft hat. Ich möchte hinzufügen, dass die Menschheit in dieser Kette die zerbrechlichste Kreatur darstellt, denn sie würde als Erste verschwinden, wenn das natürliche Gleichgewicht zerstört werden sollte. Es mag allerdings sein, dass wir in den so genannten „unteren“ Bereichen keine Autorität haben. Ganz im Gegenteil, wir haben ihnen gegenüber zahlreiche Pflichten zu erfüllen.

Harmonie in Bezug auf die Natur erfordert also, dass wir jedes Lebewesen als eine Außenstelle von uns selbst ansehen, denn Brüderlichkeit muss alles Lebendige, das es auf der Welt gibt, einschließen: Ich denke besonders an die Tiere, die der Mensch aus Gewinnsucht ausrottet oder die er grundlos leiden lässt, entweder im Namen barbarischer Traditionen, aus marktwirtschaftlichen Gründen oder wegen längst überholter wissenschaftlicher Ansichten. Die Erde ist aber Teil eines unendlich viel größeren Ganzen, nämlich des Universums. Abgesehen von den physikalischen Naturgesetzen, die vor mehreren Billionen Jahren für ihre Entstehung verantwortlich gewesen sind, ist das Universum das Werk der universalen und absoluten Intelligenz, die wir „Gott“ nennen. Das Universum besteht, wie wir wissen, aus Billionen von Galaxien, die wiederum Billionen von Sternen umfassen, von denen manche im Zentrum eines Sonnensystems liegen, das unserem eigenen ähnlich ist.

Solche Beobachtungen zeigen, wie groß und wie klein die Menschheit ist. Tatsächlich, im Vergleich zur Schöpfung, und sogar im Vergleich zur Erde selbst, ist die Menschheit völlig unbedeutend. Aber als Inkarnation des göttlichen Wortes, als lebende Seele, hat die Menschheit ein Bewusstsein ihrer selbst, und sie hat auch die Fähigkeit, den Kosmos zu betrachten und zu studieren. In dieser Hinsicht ist es die Menschheit, die das Universum bewusst in seiner Größe, seiner Schönheit und dafür, dass es existiert, bewundert. Wir sind also Akteure und Zuschauer gleichzeitig, was die kosmische Harmonie betrifft, und wir verhelfen Gott dazu, über sich selbst nachzudenken. Wenn wir seine Werke studieren, kommen wir ihm näher.

Ich darf zusammenfassen: Harmonie setzt sich zusammen aus Liebe zu sich selbst, zu anderen und zur Natur. Dieses sind die drei Ebenen, in denen sich die universale Liebe des Menschen ausdrückt. Wenn diese drei Ebenen von Liebe ein Bestandteil unserer Persönlichkeit und unseres Verhaltens geworden sind, dann leben wir mit dem Gott unseres Herzens in vollkommener Verbindung und erfahren wahren inneren Frieden.

Deshalb wünsche ich Ihnen diese göttliche Resonanz von ganzem Herzen, denn darin liegt die Quelle von Glück und der Schlüssel zur Erleuchtung.

## Schreiten Sie freudig voran!

Während Freude im Osten eine natürliche und grundlegende Sache ist, kann man dies leider in Bezug auf die so genannten „westlichen Gesellschaften“ nicht sagen. In Indien wird Freude „Ananda“ genannt und ist für die Bewohner wesentlicher Bestandteil ihrer spirituellen Suche.

Buddha wird meistens lachend oder lächelnd abgebildet. Wenn wir eine Darstellung von ihm ansehen, sei es ein Gemälde oder eine Skulptur, lächeln wir unwillkürlich bei der Betrachtung seines Gesichtes, das vor Freude strahlt. Er überträgt seine Freude auf uns.

In der ägyptische Mythologie sagt Osiris zu dem gerade Verstorbenen: „Hast du Freude gegeben? Hast du Freude gefunden?“ Wie wichtig dieser Umstand ist, zeigt sich daran, dass die Frage in dem Moment gestellt wird, als die Seele gewogen wird, wenn das Leben, welches zu Ende geht, beurteilt werden soll.

Da ich gerade den Osten angesprochen habe, insbesondere Indien, würde ich gern einige Worte der Weisheit von Ma Ananda Moyi zitieren, deren Name „erfüllt mit Freude“ bedeutet.

„Das höchste Wesen ist inkarnierte Freude, und darum sehnen sich alle Kreaturen nach Freude. Versuche immer, voller Freude zu leben, in deinen Gedanken und Taten Freude auszudrükken; fühle, dass in allem, was du siehst oder hörst, Freude strahlend präsent ist; dann wirst du wirklich glücklich sein. Traurigkeit ist für Menschen verderblich; lass sie nicht in deine Gedanken ein.“

Fröhlich zu sein, bedeutet nicht, dass jemand keine Verantwortung übernimmt, oder dass ihm alles egal ist; es bedeutet einfach, eine positive Lebenseinstellung zu haben, ganz natürlich die guten Dinge im Leben zu genießen; es bedeutet, unsere wirkliche menschliche Natur zu leben, unser inneres Wesen, unser tieferes Selbst.

Echte Freude ist nicht oberflächlich; sie kommt aus der Seele und aus dem Herzen. Freude ist spontan. Demgegenüber ist Genuss meistens mit materiellen und physischen Dingen im Leben verbunden; Freude erwächst aus Schwingungen, die zarter und mystischer sind. In heiligen Schriften wird häufig das Wort 'Beatitude' verwendet, und die Heiligen werden oft lächelnd dargestellt, mit strahlendem Gesicht.

Freude ist der Gefährte von Liebe. Darum lasst uns anderen wie die Sonne sein, und wir werden reine Freude erleben, denn ein leuchtendes Herz kann die Welt erhellen. Wir wollen unser Heim und unser Leben mit Freude erfüllen. Wir wollen lächeln, lachen und diese Freude durch unser Verhalten und unser Beispiel mit anderen teilen. Wir wollen wie kleine Kinder sein, die uns unbewusst anlächeln, um durch ihren Gesichtsausdruck ihr Herz und ihre Seele zu zeigen, und wie glücklich sie über den Austausch mit uns sind.

Die Freude, die ich meine, ist nicht mit flüchtigem Genuss verbunden, aber dies ist durchaus möglich. Wir entdecken sie, erleben sie und behalten sie in allen Lebensumständen bei, sogar in den dunklen Stunden, die wir zwischen Geburt und Tod unweigerlich erleben. Natürlich heißt das nicht, dass zu leiden angenehm ist, und ich habe nichts für Märtyrer übrig, die eine negative Lebenshaltung kultivieren oder sich selbst geißeln, oder sich physisch oder psychisch kaputt machen usw. Solche Leute sind, entgegen ihrer eigenen Ansicht, weit davon entfernt, Gott zu gefallen, ganz im Gegenteil, sie verletzen ihn und beleidigen Leben und Natur.

Wenn man den Begriff „Freude“ mit Prüfungen in Verbindung bringen will, dann möchte ich dazu nur sagen, dass Freude uns ermöglicht, solche Prüfungen zu bestehen, sie besser zu verstehen und sich über sie zu erheben. Echte innere Freude spiegelt eine positive Haltung gegenüber Problemen wider und kann vieles verwandeln, vor allem kann sie die Dinge in einem anderen Licht zeigen. Das ist „Alchymie“.

Freude begleitet unsere Anstrengungen und ermutigt uns. Freude ist schöpferisch und Teil des Göttlichen, das vom ersten Atemzug an in uns lebt. Sie ist allgegenwärtig und kann sich jederzeit manifestieren.

Freude kann sich entwickeln, wenn wir Musik hören oder ein Lied; sie entsteht, wenn wir jemandem begegnen, oder wenn wir eine Entdeckung machen. Sie kann uns während einer Meditation durchdringen, und wir können sie in einem Garten antreffen, einer Straße oder sogar im Krankenhausbett oder im Gefängnis.

Freude kann lang andauern oder ganz schnell vorbei sein; sie ist dieser Moment, wenn man in die Sterne blickt, wenn man einen Auftrag gut erledigt hat, wenn man friedlich einen Moment ausruht.

Freude ist Freiheit des Geistes, der Gedanken, der Worte und der Tat. Und wenn Seneca gesagt hat: „Wahre Freude ist friedvoll“, dann sage ich, als Rosenkreuzer: „Freude ist wahrer innerer Friede“.

Von den Flügeln der Freude getragen, fliegen wir los und finden Seligkeit.

„Ich schlief und träumte, das Leben sei Freude. Ich erwachte und sah, das Leben ist Arbeit. Ich arbeitete und merkte, Arbeit ist Freude.“

Tagore

# *Rosenkreuzerische Anrufung*

*Gott meines Herzens, Du verstehst mich.*

*Ich weiß, dass Du der Ursprung des Universums bist, der Ursprung der Natur und auch des Menschen, aber ich weiß nicht, was Du denkst und was Du fühlst.*

*Seit ich von Deiner Existenz weiß, habe ich versucht, die Regeln zu verstehen, nach denen Du Dich in der sichtbaren und in der unsichtbaren Schöpfung manifestierst.*

*Dein Licht leuchtet tief in meinem Inneren und erhellt für immer den Weg für mein Bewusstsein auf dem Pfad des Guten.*

*Deine Lebendigkeit gibt meinem Körper Vitalität und macht ihn zu dem Tempel, den meine Seele auserwählt hat, damit ihre spirituelle Entwicklung Frucht bringen möge.*

*Durch Deine Liebe bin ich, und sie weckt in mir den Wunsch, meine Mitmenschen zu lieben.*

*Bitte erhalte mir den Willen, mich in Gedanken, Worten und Werken zu vervollkommnen, so dass ich auf dieser Welt Repräsentant Deiner Weisheit werde.*

*So möge es sein!*

# Demut, Würde, Mut

Demut, Würde und Mut sind drei Wertbegriffe, die häufig in Gesprächen vorkommen. Wir sagen Dinge wie „nur, was du selbst erlebt hast, kannst du erzählen“ und „was man gut verstanden hat, kann man auch gut ausdrücken“. Meine Gedanken mögen also vielleicht der Klarheit ermangeln, denn ich behaupte nicht, mir diese drei Tugenden angeeignet zu haben, obwohl ich versuche, ihnen in meinem Verhalten näher zu kommen. Mut habe ich oft gebraucht, aber in bestimmten Lebensumständen ging er mir auch ab, was ich bedaure. Würde ist etwas, das ich mir mit Sicherheit angeeignet habe, aber auch hier bin ich mir bewusst, ich habe gefehlt, entweder aus Ignoranz, aus Unerfahrenheit oder aus Ungeduld.

Was die Demut betrifft - auf die Gefahr hin, dass Sie über dieses Paradox lächeln werden -, so glaube ich, diese stets bewiesen zu haben; zumindest ist dies eine Eigenschaft, die mir von den Menschen in meiner Umgebung und allen, die mich schon lange kennen, zugeschrieben wird. Ich bilde mir darauf nichts ein, denn zweifellos hat es etwas mit Schüchternheit zu tun, eine Abneigung gegenüber „small talk“ und damit, dass ich die einfachen Dinge des Lebens liebe. Aber es liegt auch daran, dass ich, als ich noch sehr jung war, beobachten konnte, was „Stolz“ anrichten kann. In meinem Leben als Rosenkreuzer, als Großmeister und später als Imperator des Alten und Mystischen Orden vom Rosenkreuz habe ich viele meiner Brüder und Schwestern fallen sehen, ohne dass sie sich jemals wieder aufrichten konnten, und ich habe beobachtet, wie Freunde ihre Schwüre und Versprechen gebrochen haben, weil sie es versäumten, dem negativen Aspekt ihres „Ego“ Aufmerksamkeit zu schenken. Vor allem aber bin ich so oft verletzt worden, dass ich bezüglich Demut keine Wahl hatte. Hier stehe ich also und singe das Lob meiner eigenen Demut, aber wenn ich nicht wenigstens eine der oben genannten drei Tugenden hätte, könnte man mich einer Demut beschuldigen, die fehl am Platz wäre!

Demut ist eine Tugend, die oft nicht richtig verstanden wird, und es ist wichtig, dass wir uns um ihre Definition bemühen und darum, was sie beinhaltet. Tatsächlich sollte Demut für solche Menschen keine Schwierigkeit bedeuten, die sich ihrer bescheidenen Fortschritte in den Lektionen des Lebens bewusst sind und wissen, dass sie noch sehr viel zu lernen haben. Wie weit wir auch in unserer Entwicklung gekommen sein mögen, wir sollten uns bewusst sein, dass noch ein weiter Weg vor uns liegt; und vorausgesetzt, wir hätten alles vollständig verarbeitet, was die Grade beinhalteten, die wir bereits durchschritten haben, müssen wir uns darauf besinnen, dass *ein* Leben nicht ausreicht, um Erfahrungen zu sammeln.

Demut muss daher im rechten Verhältnis zu unserem Fortschritt auf dem Pfad der Entwicklung geübt werden, und wir müssen gut achtgeben. Wir sollten niemals den Eindruck erwecken, dass wir ein Stadium erreicht haben, das uns erlaubt, eine Haltung der Überlegenheit einzunehmen. Wenn wir uns zum Beispiel, mit all unseren Überzeugungen und dem, was wir gelernt haben, in einer Gruppe von Menschen und in einer Umgebung befinden, die uns ungewohnt ist, sei es im Beruf, kulturell oder auf mystischem Boden, dann sollten wir nicht unser Wissen betonen oder den anderen unsere Ideen aufdrängen. Es ist natürlich positiv, interessant und hilfreich, wenn wir anderen mit unserem Wissen dienen. Aber es kommt immer auf das rechte Maß an, und wir sollten uns mit Herz und Verstand einbringen, bescheiden und bereit, Dinge anzunehmen. Wir sollten uns auch immer als Lernende verstehen und nicht als Meister. Denn diesen Status können wir uns selbst nicht verleihen, sondern das können nur Wesen, die uns weit überlegen sind. Wir haben hier also eine erhebliche Verantwortung, nicht nur anderen gegenüber, sondern auch, was uns selbst betrifft und jene, die uns vorausgegangen sind, und gegenüber Gott.

Nicht nur in unserer spirituellen Tätigkeit sollten wir demütig sein, sondern auch in unserem täglichen Leben, wenn wir mit anderen zusammen sind. Ist es denn so schwierig zu sehen, wie klein wir sind im Vergleich zur göttlichen Majestät? Und was sind wir schon als Individuen, ganz allein auf uns selbst gestellt, unter all unseren menschlichen Brüdern und Schwestern irgendwo auf dieser Erde? Individualität war Vielfalt noch nie überlegen; sie bedeutet nicht, dass wir im Vergleich mit anderen wertvoller sind, ungeachtet dessen, wie lange wir uns schon auf Erden befinden mögen, und welches Gebiet es auch betreffen mag. Wir sind ein Glied in einer langen Kette, und daran sollten wir denken. Seien wir uns bewusst, dass wir uns Seite an Seite mit anderen Suchenden befinden und auch in der Gruppe derer, die das Licht noch nicht gesehen haben.

Im Allgemeinen machen wir uns keine Gedanken darüber, was wir unserer Umwelt schulden und den Menschen darin. Ohne sie, was wären wir? Was wäre der Sinn unseres Lebens, und wie könnten wir in der Lage sein zu dienen? Denn das ist unsere edelste Pflicht als Menschen. Während ich diese Worte schreibe, denke ich an den großen französischen Humanisten Abbé Pierre, der bereits gestorben ist. Er war Europäer und vor allem Weltbürger. Jahrzehnte lang verkörperte er die Trilogie von Demut, Mut und Würde. Dieser große Mystiker entschloss sich dazu, seine Fähigkeiten, seine Begeisterung und Nächstenliebe den Menschen zu schenken, die am meisten benachteiligt waren. Sein Ruf, wie der von Mutter Theresa, erstreckt sich über alle Grenzen hinweg.

Er verließ die Schattenwelt und ging ins Licht, aber seine Botschaft wird nicht verloren gehen. Ich erwähne ihn als Beispiel, um zu zeigen, was erreicht werden kann, wenn Demut sich mit Fürsorge paart.

Serge Toussaint, der Großmeister der französisch-sprachigen Jurisdiktion von AMORC, hat das Folgende über Demut geschrieben: „Wir sind nichts als ein Körnchen Sternenstaub im unendlichen Universum, ein Wassertropfen im großen kosmischen Ozean. Und doch, selbst wenn wir als einzelne Person keine große Bedeutung haben, die Seele, die in uns lebt, gibt jedem Menschen die Fähigkeit, Gottes Weisheit zu erkennen und als Verkünder seiner Werke in der Menschheit zu wirken. Der einzige Weg allerdings, dies zu erreichen, besteht darin, Demut zu erlernen, eine Tugend, die als solche einen gewissen Grad von Entwicklung darstellt."

Ich würde diesem Zitat gerne etwas hinzufügen, und zwar, dass es in der himmlischen Ordnung keine Minderwertigkeit gibt. Wir müssen uns nach Kräften bemühen, das Ego in uns auszuschalten, zumindest seinen negativen Aspekt. Mit anderen Worten, das Element, welches unterscheidet, was wir selbst sind, und was außerhalb von uns liegt. Unser Ego falsch einzusetzen, verstärkt nicht die Bindungen zu anderen, ganz im Gegenteil, es trennt und ist die Ursache unserer Fehlentscheidungen, unserer negativen Kritik und unserer Selbsteinschätzung im Vergleich zu anderen, die natürlich immer zu unseren Gunsten ausfällt.

Wie können wir verständnisvoll sein und lieben, wenn wir darauf bauen, dass unser Ego in dieser Richtung funktioniert? Wie können wir damit rechnen, auf dem Pfad unpersönlichen Wissens voranzuschreiten, wenn nur die Verherrlichung unseres objektiven Selbst dabei herauskommt? Demütig zu sein, bedeutet, dass wir vergessen, uns mit anderen zu vergleichen. Es bedeutet, die Sichtweise einzunehmen, dass wir „Dienende“ sind, und zwar unabhängig von unserer Rolle, unseren Verantwortlichkeiten und unserem Platz in der Gesellschaft. Indem wir anderen dienen, finden wir zu uns selbst und tun, was unsere Veranlagung verlangt. Wir bedienen uns des göttlichen Funkens, der in unserem Inneren lebt, im Gleichklang mit dem aller lebenden Wesen.

Echte Demut kann nicht vorgetäuscht werden. Sie zeigt sich nicht allein in Worten: Sie ist derart aktiv, dass jeder in unserer Umgebung sie uneingeschränkt wahrnimmt. „Seid sanft und demütig im Herzen“, diese berühmte Anweisung Jesu erinnert uns immer daran, wie wir sein sollten. Aber Demut steht über all unseren Gedanken, unseren Meditationen und über unserem Studium der sogenannten „großen ewigen Wahrheiten“. Demut ist ein Akt der Liebe, vielleicht der größte, denn sie befähigt uns, andere zu verstehen, bei ihnen zu sein und ihnen bei jeder Begegnung mit Trost, Ermutigung und Hilfe zur Seite zu stehen.

Demut hat nichts mit Schwäche zu tun. Ganz im Gegenteil, sie ist ein Zeichen von Mut, denn zunächst erfordert sie zumindest einen inneren Kampf mit dem objektiven Selbst, bis zu dem Punkt, wo wir die göttliche Gegenwart in uns spüren und auf ganz natürliche Weise demütig werden in Gedanken, Worten und Taten. Demut ist die Quelle vieler anderer Eigenschaften und Tugenden. Da diese uns den anderen näher bringen, lassen sie uns auch den Prinzipien von Menschlichkeit und Würde näher kommen.

Alle vernunftbegabten Wesen haben eine Veranlagung zu dieser Art von Würde, die eine generelle Sprache der Menschlichkeit sein sollte. Diese Bedeutung von Menschlichkeit, die lange Zeit nur theoretisch existierte und von der Victor Hugo gesagt hat, sie sei „strahlend und verbindend“, erschien historisch als Zusammenschluss der gesamten Menschheit. Menschheit gäbe es ja nicht ohne Menschen. Alle Männer und Frauen gehören dazu, und jede Misshandlung eines einzelnen Individuums ist eine Misshandlung aller.

Würdevoll zu sein, bedeutet nicht, dass wir uns benehmen, als wären wir mehr wert als andere und dürften diese daher irgendwie mit Verachtung betrachten. Das gilt für alle Bereiche. Würde bedeutet Respekt uns selbst gegenüber und gegenüber anderen. Sie verlangt, dass wir kontrollieren, was wir sagen und was wir tun. Das bedeutet nicht, einen überholten Wortschatz zu verwenden, Worte, die man aus Büchern kennt, oder dass man übertrieben intellektuell formuliert. Aber was wir sagen, sollte präzise sein und mit den zeitgemäßen Moralvorstellungen übereinstimmen. So erweisen wir anderen ebenso viel Respekt wie uns selbst.

Natürlich irren wir uns und sind inkonsequent, aber wir sollten das schnell merken und richtigstellen und es uns nicht übel nehmen. Man verhält sich auch würdevoll, wenn man darauf verzichtet, eine Menge zu reden, ohne etwas zu sagen, vorausgesetzt, dass die entstehende Stille nicht als Ablehnung missverstanden wird. Ebenso, wenn man es vermeidet, über irgend jemanden eine negative Beurteilung abzugeben. Denn dies führt schnell zu destruktiven Gedanken und Worten, welche die Betroffenen mit Sicherheit verletzen, die aber auch uns selbst schaden.

Im Ernst, wie sollten wir inneren Frieden erfahren können, wenn wir uns auf das niedrige Niveau von Gerüchten oder Beleidigungen begeben? Sich würdevoll zu verhalten, bedeutet also unter bestimmten Umständen, Ruhe zu bewahren und zu schweigen.

Natürlich bedeutet würdevolles Verhalten nicht, dass wir Feiglinge sind und anderen notwendige Hilfe verweigern. Ganz im Gegenteil, wenn jemand in unserer Gegenwart körperlich oder mit Worten angegriffen wird, dann haben wir die Pflicht zu intervenieren. Wir müssen uns daran erinnern, dass wir nicht vollkommen sind, und andere auch nicht, während sie zu diesem menschlichen Lebensraum gehören. Denn jedem werden von seinem objektiven Selbst Grenzen gesetzt, und ebenso von seinen, oder ihren, Veranlagungen und typischen Reaktionen. Wir können den Schluss ziehen, dass all die Dinge, die andere uns antun, wir selbst auch getan haben oder tun werden, denn nach dem Inkarnations-Gesetz müssen wir Fehlern oder Schwächen erst zum Opfer gefallen sein, bevor wir den Sieg über sie davontragen können.

Wenn es einmal geschieht, dass wir in eine Situation geraten, in der unsere Reaktionen auf jeden Fall negative Auswirkungen hätten, dann hilft es, sich geistig für einige Augenblicke in die „mystische Kammer der Weisheit“ zurückzuziehen, um Kraft zu finden und nicht an Würde zu verlieren. Und schließlich sollten wir uns selbst prüfen und darauf achten, dass wir nicht auf eine Weise denken oder handeln, die unseren höchsten Idealen widerspricht. Lassen Sie uns auch dessen wert sein, was wir gewählt haben. Lassen Sie uns alles respektieren, was an uns weitergegeben wurde, alles, was wir von anderen und aus Erfahrung gelernt haben. Man kann über Würde eine Menge sagen, genau wie über Demut, und diese beiden Eigenschaften sollten wir uns regelmäßig in unseren Gedanken und Meditationen vor Augen halten. Wenn Sie selbst in diesen beiden Punkten persönliche Prüfungen durchführen, werden Sie zu besseren Schlussfolgerungen kommen als zu den von mir soeben beschriebenen.

Lassen Sie uns nun die letzte Komponente unserer Trilogie untersuchen und einige Aspekte von „Mut“ definieren. Mut oder Courage bedeutet Kraft; aber damit ist nicht Aggressivität gemeint. Wir nennen gerne Mut, was einfach Furchtlosigkeit ist, und zwar im restriktiven Sinn dieses Wortes. In ähnlicher Weise sprechen wir von Courage im Zusammenhang mit Kriegshandlungen, Aktionen, die sich gegen jemand anderen richten, oder im Zusammenhang mit deutlich geäußerten Rechtsansprüchen, die oft nur der Ausdruck von einem aufgeregten Selbst sind.

Mut bedeutet Zutrauen und Standhaftigkeit, und zwar in Bezug auf sich selbst. Es erfordert Mut, eine faire Entscheidung zu fällen, vor allem, wenn diese nicht immer gleich als solche erkannt wird. Es erfordert auch Mut, die Seite des Schwachen gegen den Starken zu ergreifen und große Ideale zu verteidigen. Aber es erfordert erst recht eine Menge Mut, den „Königsweg des Wissens“ zu betreten, und den noch schwierigeren und oft undankbaren Weg, der dem Dienst am anderen gewidmet ist.

Mutig ist auch, wer Leidenden täglich sein Mitgefühl zeigt. Ebenso, wer sich im Sinne eines „summum bonum“, also im Sinne des Guten, wie wir es verstehen, im Leben vorwärtsbewegt, ungeachtet all der Hindernisse, die es geben mag. In diesem Bereich muss Mut von Demut und Würde begleitet sein. Mut ist nicht gefahrlos, wenn er übertrieben wird, und es kommt darauf an, mit welchem Ziel er eingesetzt wird. Zum Beispiel, wenn man nicht achtgibt, kann aus mutig vertretenen Überzeugungen leicht Intoleranz und sogar Fanatismus werden. Wenn dies geschieht, führt Mut zu einem Mangel an Verständnis und zu negativen Reaktionen, das heißt, er hat sein edles Ziel verfehlt. Zu Mut gehört also Vorsicht und Achtsamkeit. Würde es aber zu unserer Definition von Mut passen, wenn wir nicht mutig genug wären, solche Risiken einzugehen, die mit Eigenschaften einhergehen können, die besonders ausgeprägt sind?

Wir dürfen niemals etwas im Stich lassen, für das wir verantwortlich sind, und sollten auf diese Weise Mut zeigen. Was immer wir unternehmen, machen wir es gut und erinnern uns an den Ratschlag: „Keine halben Sachen!“ Wenn man so denkt, hat Mut auch mit Anstrengung und daher mit Arbeit zu tun.

Das ist nicht nur allegorisch gemeint oder in Hinblick auf die Arbeit in unserem Inneren, die wir täglich an uns selbst ausüben müssen. Ich denke an unsere tägliche, materielle Arbeit im Beruf. Wir müssen manchmal Willensstärke zeigen und unsere Lustlosigkeit überwinden, unsere Faulheit oder unsere Müdigkeit, ob diese nun begründet ist, oder auch nicht.

Mit Mut können wir vieles erreichen, und wenn wir gerade mal keinen haben, dann sollten wir es zugeben und zu der Situation stehen, wie sie ist. Lasst uns nicht neidisch oder eifersüchtig sein auf die Arbeit, die Stärke, das Durchhaltevermögen oder das Verständnis anderer Menschen. Lasst uns die Grenzen unserer Fähigkeiten erkennen und uns so sehen, wie wir wirklich sind. Und wenn wir diese Analyse durchgeführt haben, lasst uns versuchen, unser Verhalten zu verbessern. Lasst uns nicht im Zustand von Faulheit und Schwäche verbleiben, sondern lasst uns unseren Willen mobilisieren, der tief in uns ruht und welcher der Bruder von Mut und Würde ist.

Lasst uns demütig sein und würdevoll und mutig. Wenn uns das gelingt, zeigen wir brüderliche Liebe und Mitgefühl, und wir werden nie allein sein: Wir werden die Anweisungen unseres wahren Selbst verstehen und so den göttlichen Willen erfüllen, der nur gut ist, und der immer für jeden Einzelnen das Beste erreichen möchte. Dies wird so lange geschehen, wie wir ihm Aufmerksamkeit schenken und erlauben, dass er sich durch uns zu erkennen gibt.

Lasst uns lernen loszulassen und nicht zu erlauben, dass wir von den Umständen und von den Zuständen auf dieser Welt überwältigt werden, indem wir uns immer daran erinnern, dass ein stiller und aufmerksamer Hüter über unser Herz wacht, wie über das Herz aller menschlichen Wesen: der „Innere Meister". Er ist das wichtigste Element des göttlichen Funkens in uns.

Und so möchte ich schließen, indem ich Ihnen Demut, Würde und Mut wünsche in allen Ihren Gedanken, Worten und Taten.

## *Die Rosenkreuzer-Ontologie*

*Gott ist die universale Intelligenz, welche die gesamte Schöpfung, in Übereinstimmung mit unveränderlichen und unfehlbaren Gesetzen, erdacht, erschaffen und belebt hat.*

*Die gesamte Schöpfung ist von einer universalen Seele durchdrungen, die sich zu vervollkommnen sucht.*

*Leben ist die Grundlage kosmischer Entwicklung, wie sie sich im Universum und auf Erden manifestiert.*

*Materie verdankt ihre Existenz der vibrierenden Energie, die sich im gesamten Universum ausbreitet und jedes einzelne Atom durchdringt.*

*Zeit und Raum sind Zustände von Bewusstssein und existieren nicht unabhängig vom Menschen.*

*Der Mensch ist im Hinblick auf seine Natur ein duales Wesen, aber er ist als Dreiheit angelegt.*

*Die Seele inkarniert sich im Körper eines Neugeborenen mit dem ersten Atemzug und macht aus ihm ein lebendes, bewusstes Wesen.*

*Das Schicksal aller menschlichen Wesen wird dadurch bestimmt, wie sie ihren freien Willen einsetzen, und durch das Karma, welches sich dadurch ergibt.*

*Der Tod tritt mit dem letzten Atemzug des Menschen ein und bewirkt eine dauernde Trennung der Seele vom Körper.*

*Die spirituelle Entwicklung des Menschen wird durch Wiedergeburten geregelt, deren Ziel es ist, Vollkommenheit für den Menschen zu erreichen.*

*Es gibt einen übermenschlichen, unsichtbaren Bereich, in dem sich alle Seelen aufhalten, die gerade nicht inkarniert sind.*

*Am Ende ihrer spirituellen Entwicklung kehrt die Seele jedes menschlichen Wesens vollkommen rein zur universalen Seele zurück und lebt in vollem Bewusstsein göttlicher Ewigkeit.*

# Stärke

Traditionsgemäß sagt man, dass der Mensch nach dem Ebenbild Gottes erschaffen wurde. So erhielt die Menschheit von Anbeginn „Stärke“ oder „Kraft“. Mystisch gesehen, besteht diese Kraft in der Fähigkeit des Menschen, all seine Gedanken, Worte und Taten auf das göttliche Absolute zu richten. Damit ist der Zustand von Bewusstsein gemeint, den man auch als „Christus- Bewusstsein“, „Buddha- Bewusstsein“ und manches andere bezeichnet. Ich persönlich möchte diesen Zustand das „Rosenkreuzer-Bewusstsein“ nennen.

Die Stärke oder Kraft, von der wir hier sprechen, wird durch die allegorische Geschichte von David und Goliath wunderbar illustriert; sie ist ein deutliches Beispiel von „Macht“. Der junge David streckt den Riesen Goliath mit einem Kieselstein nieder, der tödlich auf die Stirn des Gegners trifft. Wenn wir bedenken, dass der zukünftige König David in dieser Geschichte die Macht von Spiritualität symbolisiert, und Goliath die Macht des Materialismus, dann verstehen wir besser, wie weit Gedanken der Materie überlegen sind. Man sieht, dass die Stärke, die wir brauchen, nicht Körperkraft ist, sondern Seelenstärke.

In der elften Karte des Tarot (in anderen Systemen ist dies die achte Karte!) finden wir ein weiteres Beispiel dieses Prinzips. Dort wird Stärke durch eine junge Frau symbolisiert, die mit bloßen Händen das Maul eines Löwen offen hält. Natürlich ist die hier gezeichnete Kraft in keiner Weise physisch. Wieder wird die „Überlegenheit der Seelenstärke“ über die des Körpers symbolisiert. Damit ist nicht gemeint, dass körperliche Energie nicht dazu dienen könnte, spirituell etwas zu erreichen, ganz im Gegenteil. Der Körper und seine Fähigkeiten dienen der

Seele als Vehikel und erlauben dieser daher eine Entwicklung, während sie sich in der materiellen Welt bewegt.

Wenn wir sprechen, verwenden wir unsere Sprachorgane dazu, unsere Gedanken auszudrücken. Damit setzen wir Teile unserer physischen Kraft ein. Der beste Beweis dafür ist, dass die Intensität unserer Worte sehr stark mit unserem augenblicklichen geistigen und emotionalen Zustand in Verbindung steht. Wenn wir also zum Beispiel verunsichert oder ärgerlich sind, dann legen wir in unsere Stimme mehr Kraft hinein als üblich. Umgekehrt, wenn wir nicht nur in Gedanken beten, dann werden unsere Worte als unbestimmtes Flüstern laut.

Die Kraft unserer Worte reflektiert oft unser inneres Befinden, das heißt, es zeigt sich auf diese Weise, wie es unserer Seele geht. Dasselbe kann man von Körperbewegungen sagen. Gesten in einem Ritual zum Beispiel sehen ganz anders aus als solche, die von Ärger diktiert werden. Das Interessante bei diesen Körper-Geist-Seele-Verbindungen ist, dass es möglich wird, unsere innere Befindlichkeit zu verändern, wenn wir die Intensität von Stärke wahrnehmen, die sich in unserem Verhalten äußert.

Kommen wir zurück auf das Beispiel „Ärger". Wenn wir bemerken, dass wir laut sprechen und dass unsere Gesten heftig werden, dann sollten wir uns ganz bewusst beruhigen. Leider denken wir daran nicht immer; entweder fehlt uns der Wille dazu, oder wir haben nicht die entsprechende Kontrolle. Umgekehrt achten wir durchaus darauf, dass wir ruhig und entspannt sind, wenn wir beten oder meditieren, damit wir innerlich aufnahmefähig sind.

Ich denke, dass Kraft oder Stärke menschlicher Wesen nicht nur in geistiger Konzentration besteht, sondern auch in der Fähigkeit, kontrollieren zu können, was gesagt und getan wird, und zwar in Worten, Gesten und Taten. Wenn eine Person dies erreicht, dann stellt sie sich ganz in den Dienst ihrer Seele und trägt dadurch zu ihrer spirituellen Entwicklung bei. Ein solches Verhalten ist der Schlüssel zu wirklicher Stärke und zur Meisterung des eigenen Selbst.

Möge „Stärke" immer mit Ihnen sein und Ihnen helfen, in Frieden und mit Erfolg durch Ihr Leben zu gehen!

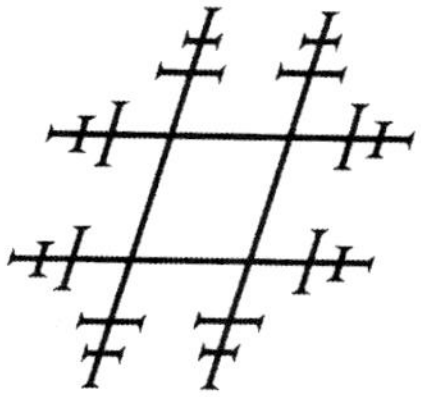

## *Ethik der Rosenkreuzer*

*Sei geduldig, denn die Geduld nährt die Hoffnung, und die Zeit wird zum Gefährten auf dem Pfade des Lebens.*

*Habe Vertrauen, denn das Selbstvertrauen ist eine Quelle zur Entfaltung, und das Vertrauen zu den anderen wird zur Quelle der Freundschaft.*

*Sei maßvoll, denn Mäßigkeit hindert jegliches Übermaß und verschafft Beruhigung.*

*Sei tolerant, denn Toleranz erweitert den Geist und begünstigt zwischenmenschliche Beziehungen.*

*Sei gelöst, denn Loslassen gewährt Freiheit und fördert inneren Reichtum.*

*Sei großzügig, denn Großzügigkeit bereichert Schenkende und Beschenkte.*

*Sei rechtschaffen, denn Rechtschaffenheit bewirkt ein reines Gewissen und verleiht Ausgeglichenheit.*

*Sei bescheiden, denn man wächst durch Bescheidenheit, und sie vermittelt die Achtung der anderen.*

*Habe Mut, denn im täglichen Leben ist Mut aufbauend und gibt Kraft bei Widrigkeiten.*

*Sei gewaltlos, denn Gewaltlosigkeit fördert die innere Harmonie und verbreitet Frieden für alle Wesen.*

*Sei wohlwollend, denn Wohlwollen erfreut das Herz und verschönert die Seele.*

*Wenn Du dies beherzigst, wird man Dich als Weisen bezeichnen, denn Weisheit ist gleichbedeutend mit der Anwendung dieser Tugenden.*

## Glücklichsein

Glücklichsein! Was bedeutet glücklich sein? Von frühester Jugend an bis zu unserem letzten Atemzug beschäftigt uns diese Frage. Jeder betet dafür und sehnt sich danach. Wenn wir denken, dass wir kein Glück haben, beschweren wir uns darüber und neiden anderen das ihre. Wir denken oft, dass wir in der Zukunft glücklich sein werden. Und dann, in dem Augenblick wenn wir glauben, dass uns seine Gnade berührt hat, genießen wir dieses Wohlbefinden, strahlen es aus und bringen es zum Ausdruck.

Ist Glück vergänglich, oder kann es dauern? Kommt es von außen oder von innen? Ist Glücklichsein auf Erden überhaupt denkbar? Sie werden sich diese Fragen schon selbst gestellt haben, genau wie die Milliarden menschlicher Wesen, die vor uns gelebt haben, und wie alle, die heute unsere Erde bevölkern. Dieses Gefühl des Glücklichseins, das als ungetrübte Freude von Seele, Geist und Herz definiert werden kann, hat selbst die Wissenschaftler interessiert. An mehreren Universitäten sind kürzlich Studien durchgeführt worden, um dieses große Geheimnis möglicherweise zu verstehen und zu erhellen.

Wissenschaftler, Lehrer, Ärzte und Hirnspezialisten aus verschiedenen Ländern haben sich, entsprechend ihrer jeweiligen Fachrichtung, dem Problem auf unterschiedliche Weise angenähert. Sie sind auf gemeinsame Ergebnisse gestoßen, welche der Vorstellung der Rosenkreuzer auf vielen Gebieten ziemlich nahe kommen, und damit auch der mystischen oder philosophischen Vorstellung vom Glücklichsein.

Ich fand diese Forschungen interessant, aber bevor ich Ihnen eine Zusammenfassung präsentiere, möchte ich Ihnen folgendes Sprichwort zum Nachdenken anbieten: „Glück erkennt man an dem Lärm, den es verursacht, wenn es sich entfernt.“ Darum würde ich Ihnen gerne den Rat geben, Glück wahrzunehmen, zu sehen und es zu leben, wenn es da ist. Leben und genießen Sie den Augenblick. Sie können jetzt schon glücklich sein und nicht erst in der Zukunft.

Glücklichsein ist ein Geisteszustand. Es ist wichtig, dass wir glücklich sein wollen, und wir dürfen nicht denken, dass das Glück nicht zu uns kommt. Zu viele Menschen weisen es zurück, im Kleinen oder im Großen, weil sie Angst haben, dass es schnell vorbeigeht, dass es nicht dauern kann, und dass es unausweichlich von Unglück gefolgt wird usw. Und weil sie Angst haben, leiden zu müssen, verschließen diese Menschen sofort Herz und Geist, wenn Glück sich ankündigt, anstatt zu riskieren, dass sie sich - möglicherweise - später traurig und enttäuscht fühlen mögen.

So zu denken und zu handeln, ist negativ und verhindert zuverlässig jede ungetrübte Freude. Da Glücklichsein vor allem ein Geisteszustand ist, kann es immer wieder erneut auftauchen, und trotz der Schicksalsschläge, die den Menschen treffen mögen, trotz unglücklicher Erlebnisse und Prüfungen, Enttäuschungen und Betrugs-Erfahrungen kann es sogar andauern. Wie ich schon sagte, können wir Erfüllung und Wohlergehen, also Glücklichsein, häufig erfahren. Leute mit optimistischer oder positiver Grundhaltung werden keineswegs von Problemen und Schwierigkeiten aller Art verschont, aber sie können, besser als andere, Dinge „abfedern“, sich anpassen und eine negative Situation in eine positive verwandeln. Mir selbst gelingt dies nicht immer, aber zu meinem Glück teile ich mein Leben mit einem Menschen, dessen Begabung in dieser Richtung für Zwei reicht, oder sogar für noch mehr!

Natürlich dürfen wir Glück nicht mit Vergnügen verwechseln, selbst wenn dieses dabei eine Rolle spielen kann. Die Menschheit hat viele Sehnsüchte, daher können wir uns über „Glücklichsein" erst Gedanken machen, nachdem wir uns damit beschäftigt haben, was Sehnsucht ist. Wir alle wissen, dass Glücklichsein nicht nur von der Erfüllung unserer Sehnsüchte abhängt. Alle Menschen wollen glücklich sein, ob sie sich dessen bewusst sind oder nicht. Es mag vielleicht kein Nahziel sein, aber es ist bestimmt das wichtigste Lebensziel, neben dem jede andere Erwartung zweitrangig zu sein scheint. Manche Leute behaupten, dass sie nicht Glück suchen, sondern eher Ruhm, Macht und Reichtum. Aber in Wirklichkeit motiviert sie die Suche nach Glück, denn, obwohl sie sich dessen nicht bewusst sind, suchen sie es auf dem Umweg über Ruhm, Macht und Reichtum. Wir müssen deswegen achtgeben, dass wir nicht das Glück selbst mit Notwendigkeiten, Sehnsüchten oder Erwartungen verwechseln, die uns das Glück bringen sollen.

Lassen Sie uns Glücklichsein lieber als „Seelenfrieden" verstehen, und innere Klarheit als Grundlage für ein glückliches Leben. Unsere Seele wünscht sich Frieden, deshalb ist es notwendig, sich in der eigenen Haut wohlzufühlen. Wenn wir es so sehen, bedeutet „Glücklichsein" Seelenfrieden, dieses Gefühl von „Einverstandensein", das eine Art Lebenskunst darstellt. Dabei geht es nicht um Momente zufälliger Harmonie mit dem göttlichen Teil unseres Wesens, sondern um einen fortwährenden Gleichklang als normales Programm. Darum können wir sagen, dass man Glück in den Aktivitäten des täglichen Lebens suchen sollte, und nicht außerhalb von Gemeinschaft.

Sokrates hat gesagt: „Vergnügen mit Glücklichsein in Verbindung zu bringen, führt zu einem oberflächlichen Lebensstil." Der Mensch kann vergnügungssüchtig werden, wenn er meint, dadurch Glücklichsein erfahren zu können. Aber wäre ein Leben mit dauerndem „Spaß“ nicht genau das Gegenteil von Glücklichsein? Deshalb sollte man aufpassen, nicht das Vergnügen als solches zu suchen, denn das könnte zu unaufhörlichen Enttäuschungen führen. Spaß ist nicht Glück, sondern Illusion von Glück.

Da Glücklichsein einen Zustand von Vollständigkeit darstellt, setzt es ein Leben in Harmonie mit der vorhandenen Ordnung voraus, das heißt, Übereinstimmung mit den Regeln, welche die menschliche Gesellschaft im Besonderen betreffen, und das Universum im Allgemeinen. Dieser Zustand kann nur durch Vermittlung unseres „Inneren Selbst“ wahrgenommen werden. Glück bedeutet also das Wohlgefallen unseres Herzens, ein Gefühl unserer Seele. Wenn wir so wollen, kann es wie ein Schutzengel unser Reisegefährte sein, eine Quelle von Ruhe und Klarheit.

Hier folgt nun, in sieben Punkten, die Zusammenfassung einiger wissenschaftlicher Meinungen zum Thema „Glücklichsein“. Mitglieder von AMORC werden viel Ähnlichkeit mit der Sicht der Rosenkreuzer entdecken. Punkt Nummer eins wird Sie vielleicht überraschen:

- Man hat beobachtet, dass alle Menschen, die sich selbst als glücklich bezeichnen, eine ordentliche und saubere Umgebung anstreben. Sowohl zu Hause als auch in ihrem Denken halten sie Ordnung. Die Art und Weise, wie wir unser Eigentum, unsere Dokumente, unsere Bücher usw. ordnen, entspricht dem Verhalten, wie wir unsere Erfahrungen verarbeiten, um von ihnen möglichst viel zu profitieren. Pünktlich und organisiert zu sein, hilft uns dabei, unser Leben im Griff zu haben und nicht Opfer der Ereignisse zu werden. Dies passt mit einem Wort von AMORC gut zusammen, das häufig angewandt wird: „Was du heute kannst besorgen, das verschiebe nicht auf morgen.“

Wenn Sie zu jenen gehören, denen es schwer fällt, ihre Papiere zu ordnen, Schränke aufzuräumen, oder ihre Gedanken, dann analysieren Sie die Situation und entscheiden Sie dann, ob die Unordnung um Sie her, oder die Unordnung in Ihren Gedanken, zu Ihrem Glücklichsein beiträgt. Oder ob Sie, im Gegenteil, ständig an das Chaos denken müssen, ob Ihre Unordnung Sorge und daher Stress für Sie bedeutet, der viel zu oft Ihren Weg zu wirklicher Klarheit und zu „wahrem innerem Frieden“ blockiert.

- Dieser erste Punkt steht nicht im Widerspruch zum zweiten: Wir müssen in der Lage sein, mit etwas zufrieden zu sein, das einfach nur gut ist. Wir sagen oft Dinge wie: „Wenn man etwas tun muss, dann muss man es gut machen“. Das ist natürlich richtig, und im Allgemeinen finden wir ja auch, dass es jede Anstrengung wert ist, bestmögliche Ergebnisse zu erreichen, sei es bei der Arbeit oder auch auf allen anderen Gebieten. Aber mit dieser Einstellung wird man zugegebenermaßen oft enttäuscht, und darum sind die Perfektionisten unter uns häufiger unglücklich als glücklich. Eine gute Idee ist es deshalb, Aufgaben in ihre Einzelteile zu zerlegen, Unwichtiges beiseite zu lassen und Prioritäten zu setzen. Denn wenn jemand ununterbrochen Perfektion anstrebt, dann ist er nie wirklich zufrieden, und Zufriedenheit ist eine Voraussetzung, um glücklich zu sein. Ich denke gerade daran, dass ich Leute kenne, die nur mit der vollständigen und perfekten Durchführung einer Aufgabe glücklich sind, sei es auf intellektuellem Gebiet oder auf einem anderen.

Harvey Spencer Lewis, der von 1915-1939 Imperator von AMORC war, hat in einer seiner Mitteilungen gefordert, sich bei jeder Handlung und in Bezug auf jedes Ideal vollkommen und ohne Zurückhaltung einzubringen und jedes Provisorium einer Vervollständigung zuzuführen. Das fasse ich persönlich so auf, dass wir bei allem, was wir tun, zwar unser Bestes geben müssen, aber nicht bis zu dem Punkt, wo man taub und blind gegenüber der Welt wird, die uns umgibt. In unserem Bestreben, Dinge gut zu machen, sollten wir nicht dem Glück die Tür verschließen, sei es unser eigenes oder das unserer Nächsten.

- Eine dritte Bedingung muss im Hinblick auf Glückserlebnisse erfüllt sein. Zusammengefasst kann man sagen: Lebe den Augenblick! In diesem Punkt stimmen Wissenschaft und Philosophie wieder überein, denn dieses Prinzip ist eine der grundlegenden Lehren der Rosenkreuzer. Glücklich zu sein, besteht aus einer Kette von kleinen Freuden, die wahrzunehmen wir in der Lage sein müssen: die erfreuliche Seite jeden Moments zu genießen, so, wie man zum Beispiel am Morgen die Wärme des Wassers in der Dusche genießt, ohne daran zu denken, was alles uns während des kommenden Arbeitstages erwarten mag. Wir sollten das meiste herausholen aus dem Beobachten eines Sonnenstrahls, aus Vogelgesang, dem Duft von frischem Brot beim Bäcker und aus jedem anderen angenehmen Ereignis, das unerwartet vorbeikommt. Selbst in dunklen Perioden unseres Lebens, selbst in Chaos und Leid, müssen wir aufmerksam und mit offenem Herzen jede Freude, die sich bietet, mitnehmen, auch wenn es sich nur um eine Sekunde kurzen Glücklichseins handelt!

- Es sieht so aus, als hätten die Experten experimentell die Hirnregion entdeckt, die unser Wohlbefinden beeinflusst. Dieser Bereich wird aktiviert, wenn wir etwas Neues erleben. Das Gefühl von Glücklichsein kann durch alles, was uns außerhalb unserer Routine begegnet, hervorgebracht werden. Das kann im Leben oder bei der Arbeit ein neues Projekt sein, eine Reise, die uns andere Landschaften entdecken lässt, etwas Neues zu erkunden, oder durch eine unbekannte Stadt zu bummeln. „Entdeckung" und „Neuheit" sind in diesem Fall Katalysatoren für das Gefühl des Glücklichseins. Diese vierte Entdeckung führt zu der fünften, die sich mit andauerndem Glück beschäftigt bzw. mit etwas, das diesem sehr nahe kommt, nämlich Aktivität.

- Arbeit ist eine der Hauptquellen für Zufriedenheit und darum auch für Glücklichsein. Denn wenn wir aktiv sind, dann kommt es zu einer fast magischen Vergessenheit des eigenen Selbst. Langeweile führt zu Niedergeschlagenheit. Also, wenn Sie aus Altersgründen keinen Beruf mehr ausüben, dann widmen Sie sich anderen, freiwilligen Aktivitäten. Sie werden mir zustimmen, dass es ein großer Ansporn ist, wenn man sich gemeinnützigen Tätigkeiten zuwendet. Verzichten Sie nicht darauf, denn anderen zu helfen, macht unvergleichlich glücklich. Auch geistige Hilfe sollte in täglicher Regelmäßigkeit angeboten werden, denn dies nützt sowohl denen, die darauf angewiesen sind, als auch der Person, die sie anbietet.

- Andere Forschungsergebnisse beziehen sich auf das Alter. Wir sprechen oft von einem „erfüllten" Alter, und viele Leute über 60 sagen, dass sie glücklicher sind als zu der Zeit, als sie jung waren. Es sieht so aus, als ob wir mit der Zeit lernen würden, Gelegenheiten, die uns befriedigen, dankbarer wahrzunehmen als in jungen Jahren. Also, wenn Sie jung sind, warten Sie nicht aufs Alter, sondern bemühen Sie sich immer, die positiven Seiten Ihres Lebens zu sehen, und zwar sowohl die materiellen als auch die spirituellen Bedingungen, die Ihnen zur Verfügung stehen. Natürlich haben sich noch nicht alle Ihre Träume erfüllt, aber seien Sie stolz auf das, was Sie bereits erreicht haben.

- Der siebte und letzte Punkt, der von den Wissenschaftlern gezeigt werden konnte, deutet darauf hin, dass die Wundermedizin gegen Unglücklichsein, und der Schlüssel zu größtem

Glück, „Freundlichkeit“ ist. Tatsächlich sind Leute, die sich für glücklich halten, meistens freundlicher, amüsanter und großzügiger als andere. Freundlichkeit, Aufmerksamkeit anderen gegenüber und Mitgefühl sind wichtige Faktoren, wenn man glücklich sein will. Ich möchte hinzufügen, dass diese Zeugnisse von Herzenswärme nicht im Inneren verbleiben, also unterdrückt werden dürfen. Man sollte sie in Worte fassen und auf praktische Weise unter Beweis stellen.

Ich möchte Sie ermutigen, regelmäßig eine kleine Übung durchzuführen: Fragen Sie sich, wem haben Sie kürzlich einen Gefallen getan? Haben Sie daran gedacht, sich bei denen zu bedanken, die Ihnen geholfen haben? Haben Sie etwas Nettes zu Ihrem Partner gesagt, zu einem Ihrer Kinder, einem Nachbarn oder einem Arbeitskollegen? Wenn Sie all dies tun, freut sich der andere, und Sie selbst werden sich auch gut fühlen. Heißt es nicht, das größte Glück sei das, das man anderen schenkt?

Zusammenfassend kann man sagen, dass die Wissenschaft glaubt, „Glücklichsein“ entsteht in einem bestimmten Bereich im Gehirn, der für „Verhalten“ verantwortlich ist und der sogar mit solchen Denkweisen im Zusammenhang steht, die uns glücklich sein lassen.

Es sind die folgenden: aktiv bleiben, altruistisch sein, in der Gegenwart leben, sich ordentlich und organisiert verhalten, Ereignisse und das Alter mit Klarheit akzeptieren und, vor allem, freundlich sein und voller Liebe. Dies kommt dem sehr nahe, es ist sogar fast dasselbe, was Weise im Allgemeinen sagen, und was die Rosenkreuzer immer schon gefordert haben.

Der griechische Philosoph Aristoteles dachte, dass „Aktivität zusammen mit Tugend die wirklichen Ursachen für Glücklichsein wären“. Tatsächlich sprechen wir häufig von Tugend. Charakteristisch für Tugend ist, dass sie automatisch Freiheit bedeutet, sobald sie angewandt wird. Es ist doch so, dass wir uns um so mehr befreien und uns unserer Freiheit bewusst sind, je mehr unsere Urteile und unsere Verhaltensweisen von Tugend getragen sind.

Schon Comenius, ein bedeutender Rosenkreuzer im 17. Jahrhundert, hat die Menschheit ermutigt, niemals ihr Ziel, Glücklichsein, aus den Augen zu verlieren! Harvey Spencer Lewis beobachtete Glücklichsein besonders in einer friedvollen und freundlichen Umgebung. In Bezug auf Mutter Theresa, deren heiteres Temperament sprichwörtlich war, sagte Schwester Emmanuelle: „Glücklich sein besteht ganz einfach darin, sich dessen zu erfreuen, was wir haben und was wir sind, ohne uns mit anderen zu vergleichen, und einfachen menschlichen Beziehungen den Vorrang zu geben. Es bedeutet, sich Zeit für selbstlosen Austausch zu nehmen und sein Leben mit den Menschen um uns herum liebevoll zu teilen.“

Aus all dem schließe ich persönlich, dass man Glücklichsein, kurz gesagt, in der Fähigkeit finden kann, alles Seiende zu lieben und alle Lebewesen zu respektieren. Wer von solch einer Liebe erfüllt ist, der fühlt die angeborene positive und konstruktive Sehnsucht, seine Gaben und Talente einzusetzen, um zu dienen, zu helfen, zu trösten, zu führen und Frieden zu bringen. Aus dieser Perspektive gesehen, ist unsere Suche, der wir uns verschrieben haben, einfach, denn sie besteht darin, Klarheit zu kultivieren und Herzensbildung zu entwickeln. Dies verlangt, reine Gedanken zu verfolgen, hilfreiche Worte zu äußern und sicherzustellen, dass wir konstruktiv tätig sind. Wenn wir dem folgen, erlauben wir unserer Seele, ihre Weisheit zu zeigen, und sie kann in uns, und um uns herum, Harmonie bewirken.

Zweifeln Sie nicht daran, dass sich die Quelle des Glücks in unserem tiefsten Inneren befindet. Und wenn Sie das Wort ernst nehmen: „Wenn du dich selbst kennst, kennst du Gott und das Universum“, dann, glauben Sie mir, werden Sie noch mehr kennen als nur das: Sie werden wissen, was „Glücklichsein“ ist!

## Weisheit

Wie eine Fackel leuchtet Weisheit in unserem Inneren und sollte unsere Gedanken, Worte und Taten erhellen. In dem Artikel „Der Wallfahrtsort im Inneren" aus meinem Buch „So möge es sein!", das 1994 in Französisch veröffentlicht wurde, habe ich früher schon einmal über „Weisheit" geschrieben. Ich möchte hier einen Teil des Artikels wiederholen, denn ich finde, dass er meine Sicht, Weisheit betreffend, gut beschreibt. Ich sollte hinzufügen, dass dieser Auszug speziell für Rosenkreuzer gedacht ist.

„Weise zu sein, bedeutet, mit den Aspekten menschlicher Polarität vertraut zu sein und diese in all unseren Beziehungen mit anderen gekonnt anzuwenden. Weise ist der, der immer den richtigen Weg zeigt, ohne ihn anderen aufzuzwingen, und der niemals etwas für andere tut, was diese besser selbst erledigen sollten. Auch der ist weise, welcher weiß, wann er still sein und nur zuhören sollte, und der nur spricht, wenn er etwas zu sagen hat, was wichtig ist. Der wirklich weise Mensch ist nicht der, welcher die Weisheit preist, sondern es ist der, von dem man wegen seines weisen Verhaltens spricht. Aus dem Gesagten geht hervor, dass der Weise eher zuhört, als dass er spricht, und dass er noch viel weniger gleich aktiv wird. Vor allem wird er nicht aktiv, ohne vorauszudenken. Es ist nicht weise, Böses, das wir bei anderen zu entdecken glauben, unbedingt abstellen zu wollen. Im Gegenteil, wir sollten die guten Eigenschaften, die wir bei ihnen bemerken, dagegenhalten.

Allgemein gesprochen, kann man sagen, Weisheit ist dazu da, dort Harmonie zu bewahren, wo sie vorhanden ist, und alles Menschenmögliche zu unternehmen, um sie herzustellen, wo sie fehlt. Selbst für einen berühmten und edlen Ritter ist es nicht einfach, das Schwert der Weisheit in der Hand zu halten und es weise einzusetzen. Nur weil er das Schwert hält, ist er noch nicht weise, obwohl die Versuchung, dies zu glauben, groß ist.

Um uns davon zu überzeugen, dass dies so ist, brauchen wir uns nur die initiatorische Legende von den „Rittern der Tafelrunde“ ins Gedächtnis zu rufen. „Exkalibur“, das mächtige Schwert, zerbrach, als es der junge Arthur, aus Unwissenheit und falschem Stolz, gegen Ritter Lanzelot einsetzte, der Symbolfigur für Edelmut und Idealismus. Die „Dame vom See“ gab Arthur das Königsschwert nur wegen seiner tiefen Reue zurück, und weil er sofort und sehr entschieden seinen Irrtum bedauerte. So ist es mit dem Schwert der Weisheit: Wenn wir damit die falschen Sehnsüchte unseres Ego befriedigen wollen, verwandeln wir es in ein Werkzeug, das in den Wahnsinn und zu Schlechtigkeit führt. Nicht zufällig haben die Kabbalisten immer den Wahnsinn als Gegenteil von Weisheit betrachtet.

Aus diesem Grund muss ein „Ritter vom Rosenkreuz“ auf seiner Pilgerreise die wirkliche Bedeutung des Wortes ‘weise’ verstehen, bevor es zu spät ist. Mit seiner Initiation muss er begreifen lernen, dass das Schwert, was immer es repräsentieren mag, nicht den Ritter hervorbringt, genauso, wie eine Kutte noch keinen Priester macht. Sich das „Schwert der Weisheit“ anzulegen, ohne weise zu sein, ist, wie mit verbundenen Augen ins Licht des Tages zu blicken. Man kann den idealen Zustand eines „Ritters vom Rosenkreuz“ nur erlangen, wenn man die kosmische Kraft von Weisheit mit Tugenden menschlicher Erfahrung vereint. Die „Alten Mystiker“ hatten die Notwendigkeit dieser Verbindung verstanden, als sie von der „Weisheit der Erfahrenen“ sprachen. Vielleicht aus demselben Grund rief König Arthur, nachdem er erleuchtet worden war: „Das Land und der König sind eins!“ Und dabei zeigte er mit „Excalibur“

zum Himmel. War das nicht ein Zeichen dafür, dass er in diesem Augenblick zum „Rosenkreuzer" geworden war, bei denen ja Weisheit und Erfahrung eins sind?

Was ich damals über Weisheit gesagt habe, scheint mir heute noch genauso richtig zu sein; ich würde allerdings gern einige Einzelheiten hinzufügen. Zu viele Mystiker verwechseln „Wissen" mit „Weisheit". Wissen meint Kenntnis. Zu verstehen, was wir wissen, und es auch anzuwenden, das erst bedeutet, weise zu sein. Als Beispiel möchte ich die vielen Menschen anführen, die eine Menge Bücher gelesen haben, auch heilige, religiöse oder philosophische Texte. Aber wer kann behaupten, alles verstanden und verarbeitet zu haben, was in diesen Schriften steht? Im Ernst, wie können wir Wissen in unser tägliches Leben einbinden, das wir nicht verstanden haben?

Wenn es um Weisheit geht, ist es also das Problem zu wissen, worüber wir reden, und nur über Dinge zu sprechen, von denen wir sicher sind, dass wir sie verstanden haben. Dieser Umstand sollte uns bescheiden machen, denn wir können uns niemals sicher sein, irgend etwas wirklich verstanden zu haben. Darum ist zu empfehlen, im täglichen Leben jede besondere Begabung einzusetzen, deren wir uns sicher sind, und uns nicht über Tugenden auszulassen, von denen wir keine einzige in die Praxis umsetzen können. Tatsächlich ist es nicht so sehr des Menschen Ziel, Wissen zu erwerben, als das, was er hat, anzuwenden.

Als Meister Jesus die Menschen aufforderte, einander zu lieben, sagte er auch, dass es kein bedeutenderes Gebot gäbe als dieses. Nun ist es zwar einfach zu sagen, zu lesen oder zu schreiben: „Lasst uns einander lieben!" Jeder weiß, was gemeint ist, aber wem ist die wirkliche Bedeutung vollkommen klar, und wer könnte sie im täglichen Leben beherzigen?

Wenn wir über dieses besondere Gebot nachdenken, erkennen wir, dass hier ein ideales Verhalten gemeint ist, das alle Menschen irgendwann an den Tag legen werden. Die wenigen aber, die bereits so weit sind, müssen mehr als nur „weise" genannt werden. Jeder von ihnen könnte als ein „Christus" gelten. Da aber zunächst der Zustand von Weisheit erreicht werden muss, bevor der Mensch ein „Christus" werden kann, muss es auch ein Gebot geben, das für uns Wesen, die noch in der Entwicklung begriffen sind, einfacher zu befolgen ist.

An dieses leichter zu befolgende Gebot kann sich ein weiser Mensch durchaus halten, und man könnte es meiner Meinung nach folgendermaßen ausdrücken: „Lasst uns einander verstehen". Mit anderen Worten, lasst uns lernen, einander kennen zu lernen und uns gegenseitig zu respektieren, so, wie wir sind, denn noch sind wir nicht in der Lage, unseren Nachbarn zu lieben wie uns selbst. Wir sollten versuchen, dieses gegenseitige Verstehen bei allen unseren menschlichen Beziehungen anzustreben. Wenn wir dies tun, erreichen wir für unsere eigene Entwicklung und für die der Welt mehr, als wenn wir die bedeutendsten Werke lesen, seien es christliche oder andere, ohne sie zu verstehen.

Wenn es uns gelingt, dieses Gebot wirklich zu leben - nicht alle Menschen zu lieben, aber keinen von ihnen zu hassen -, dann werden wir, allein durch unsere innere Einstellung, echter Weisheit ein Stück weit näher gekommen sein.

## Zuhören, Sprechen, Kommunikation

Kommunikation hat für uns heutzutage eine größere Bedeutung als jemals zuvor, und zwar sowohl auf persönlicher Ebene als auch allgemein. Die Geschichte der Menschheit, unsere eigene Geschichte, ist immer durch Kriege, Fanatismus und alle möglichen aggressiven Verhaltensweisen geprägt worden. Oft sind solche Tragödien und Missstände entstanden, wenn Kommunikation verweigert wurde oder nicht möglich war. Erst wenn beides, Zuhören und Sprechen, stattfindet, entsteht Kommunikation.

Hören hat unter den fünf Sinnen der Wahrnehmung, die dem Menschen gegeben sind, eine wichtige Bedeutung. Wenn es gut funktioniert, bedarf es keinerlei Anstrengung, Geräusche aufzunehmen. Es kann sogar schwierig für uns sein, ihrer Herr zu werden. Das kann soweit gehen, dass wir den Eindruck haben, durch das, was wir hören, verletzt zu werden. Manchmal können Worte auch den Charakter von Geräuschen annehmen oder wie ein lautes Hintergrundgeräusch wirken, und in solchen Fällen hören wir zwar, aber wir hören nicht zu.

Wenn wir einem oder mehreren anderen zuhören wollen oder wenn wir in eine Kommunikation eintreten möchten, dann müssen wir, bildlich gesprochen, wirklich anwesend und auch aufmerksam sein. Wir dürfen nicht an etwas Anderes denken und die Gedanken abschweifen lassen, sondern das Zentrum unseres Interesses muss sich auf die Worte der Person ausrichten, mit der wir gerade sprechen. Ohren und Geist, aber auch unser Herz, müssen aufnahmebereit sein.

Wenn wir nicht ganz aufmerksam sind oder wenn wir abgelenkt werden, dann hören wir nicht wirklich zu. Das kann zu Missverständnissen führen oder dazu, dass man etwas falsch versteht, so dass die Person, der wir nicht richtig zuhören, durchaus Grund hat, sich zu ärgern. Zusammenfassend kann man sagen, dass „Zuhören“ eine wichtige Sache ist, die Aufmerksamkeit und angemessene Konzentration erfordert. Zuhören ist eine besondere Fähigkeit, und es gibt Nuancen, die zu erkennen man erst lernen muss, indem man sich viel unterhält.

Dass Menschen sich miteinander unterhalten, ist eine natürliche Notwendigkeit, die praktisch und nützlich ist; Unterhaltungen sind für den Geist sehr befriedigend. Sie können zustande kommen, weil Information benötigt wird, oder weil ein Rat gegeben oder erhalten werden soll. Unabhängig davon, ob wir nun mit den vorgebrachten Meinungen übereinstimmen oder nicht, immer, wenn wir zuhören, lernen wir. Bewusst oder unbewusst gibt ein Teil unseres Wesens dem Gesprächspartner Antwort.

Wirkliches Zuhören findet nur statt, wenn es zu einem ernsthaften Austausch zwischen den Gesprächspartnern kommt. Von Anfang an muss deshalb der Wunsch nach Austausch und Kommunikation vorhanden sein. Und darum ist es so schwer, sich über Dinge zu unterhalten, zu denen bei den Gesprächspartnern unterschiedliche Überzeugungen bestehen. Dann fällt Zuhören schwer, denn jeder ist mehr damit beschäftigt, seine eigene Ansicht zu äußern, als dass er Lust hätte, den Argumenten der anderen zuzuhören. Was eigentlich ein Dialog hätte sein sollen, endet meistens in einer Diskussion, einer Debatte, oder sogar in einem ernsthaften Streit.

Sollten sich Leute also darauf beschränken, nur mit Gleichgesinnten zu kommunizieren? Nein, vorausgesetzt, dass wirklich ein Austausch von Standpunkten stattfindet. Die Erfahrung zeigt, dass Unterhaltungen zwischen Leuten, deren Überzeugungen keine Gemeinsamkeiten aufweisen, oft in einen heftigen Wortwechsel ausarten, bei dem jeder versucht, den anderen zu überzeugen. Unter solchen Umständen entsteht ein Konflikt zwischen zwei verschiedenen Egos, anstelle einer Kommunikation mit einem Austausch von Ideen.

Wenn wir wirklich zuhören, in der weitesten Bedeutung dieses Ausdrucks, dann öffnen wir uns nicht nur gegenüber dem anderen und der Welt, sondern überschreiten die Worte; selbst wenn gerade keiner etwas sagt, hören und verstehen wir unseren Gesprächspartner. Wir erkennen Wesensart und Absichten der Person, mit der wir sprechen. Wenn wir ihre Worte aufnehmen, finden wir den Weg zu ihrem Herzen und kommen ihrem inneren Wesen näher. Die Kommunikation geht dann über die geäußerten Worte und die gezeigten Gefühle hinaus, und es kommt ein wirklicher Austausch zustande und darüber hinaus ein Gleichklang.

Proportional zu der Qualität des Zuhörens entsteht zwischen den betreffenden Personen Harmonie, sei es bei einer privaten Unterhaltung zwischen zwei Menschen oder in einer größeren Versammlung, zum Beispiel zwischen einem Lehrer und seinen Schülern, einem Vortragenden und den Zuhörern usw.

Man kann mental, emotional oder intuitiv zuhören. Im ersten Fall ist Denken erforderlich und das objektive Verstehen dessen, was gesagt wird. Jedes Wort ist also wichtig und muss sorgfältig gewählt werden.

Im zweiten Fall spielen Stimme, Gesten und der Gesichtsausdruck die gleiche wichtige Rolle wie das gesprochene Wort. Schweigen kann unangenehm sein, schwer zu ertragen oder wütend machen, und es kann genauso verletzen wie Worte. Umgekehrt können uns ein Lächeln oder eine freundliche oder sanfte Geste ebenso berühren und aufheitern wie ein schöner Satz.

Drittens schließlich, und dies ist vielleicht das Wichtigste, gibt es das intuitive Zuhören. Dieses findet bei stiller Übereinstimmung statt. Heißt es nicht: „Reden sind Silber, Schweigen ist Gold"? In Konventen und Klöstern gibt es Schweigegelübde, aber auch Worte haben dort ihren Platz, denn täglich wird laut aus der Bibel vorgelesen; und religiöser Gesang, manchmal in Latein, wurde in Kreuzgängen schon immer praktiziert.

Wir können Schweigen und Sprechen als gegenseitige Ergänzungen betrachten, wobei beides gleich notwendig und wichtig ist. Zweifellos sollten wir dem Rat von Marian Edelman folgen: „Lerne, still zu sein und wahrzunehmen, was in dir 'wahrhaftig' ist, um es bei den anderen zu hören". Eine sehr weise Frau, die ich kenne, sagte kürzlich zu mir über das Schweigen: „Wir brauchen drei Jahre, bis wir gelernt haben, wie man sich unterhält, und das ganze Leben lang zu lernen, wie man schweigt."

Neben Tönen, Wörtern, Gesten und dem Gesichtsausdruck erlaubt uns der Austausch von Worten, wie ich schon beim Thema „Zuhören" gesagt habe, einen Gleichklang zu erreichen. Die Beziehung zu der anderen Person geht dann über das gesprochene Wort hinaus: Es entsteht eine Beziehung zweier Seelen.

Jeder hat die Pflicht, der Natur zu lauschen, dem Universum und dem Gott seines Herzens, und zwischen seinem objektiven Selbst und seinem spirituellen Selbst einen Dialog herzustellen. Wenn Sie diese Seiten lesen, dann zweifellos deshalb, weil Sie an Philosophie interessiert sind und daran, was man gewöhnlich „Mystik" oder „Spiritualität" nennt. Wenn dem so ist, dann versuchen Sie wahrscheinlich auch, an sich zu arbeiten, und speziell die Kunst der Kommunikation zu kultivieren, indem Sie sich darin üben zuzuhören.

Wenn man Zuhören als „goldene Regel" bezeichnet, dann gilt das gleiche für Sprechen. Sprache ist der verbale Ausdruck von Gedanken und, wie Zuhören, ist sie für Kommunikation unerlässlich. Täglich tauschen wir durch Worte Ideen aus, geben unsere Wünsche bekannt, zeigen Befriedigung, oder dass wir mit etwas nicht einverstanden sind usw. Daher haben Leute, wenn sie über längere Zeit am Sprechen gehindert werden, Schwierigkeiten, sich anderen verständlich zu machen. Trotzdem können sie, auf einer wortlosen Ebene, versuchen, Kontakte herzustellen.

Leute sprechen heutzutage anders als früher. Dies ist das Ergebnis einer sehr langen zeitlichen Entwicklung. Spezialisten auf diesem Gebiet glauben, dass Sprache zunächst dazu benutzt wurde, Gefühle auszudrücken, bevor sie der Kommunikation diente. Zu Anfang waren Töne und Rufe vor allem dazu da, emotionale Befindlichkeiten auszudrücken, und bedeuteten Furcht, Freude, Ärger oder Vergnügen. Erst später kam hinzu, dass Wörter bestimmte Bedeutungen annahmen.

Viele Redensarten, die starke Gefühle ausdrücken, beziehen sich auf Elemente der Sprache: „Ich gebe mein Wort", „Ich nehme mein Wort zurück", „Mein Wort gilt", „Du hast dein Wort gebrochen", „die letzten Worte des Verstorbenen respektieren".

Seit Beginn der Menschheit ertönen Stimmen in Gesängen, Anrufungen, Gebeten, Mantras und sogar im Dienste der Kriegskunst. Selbst die Rosenkreuzer benutzen bei ihrer Arbeit bestimmte Vokallaute.

Ohne allzu viel erklären zu wollen, kann man sagen, dass gesungene Vokale sowohl eine physische als auch psychische und spirituelle Energie transportieren, welche die Materie und das Bewusstsein beeinflusst. Deshalb werden sie von den Rosenkreuzern intoniert, um bestimmte pathologische Zustände des Körpers zu bessern, oder um gewisse latente psychische Fähigkeiten zu erwecken. Richtig intoniert, schwingen Vokaltöne in Harmonie mit den aufbauenden Kräften der Natur und des Universums. Wenn wir sie intonieren, können wir also den Einfluss dieser positiven Kräfte nutzen.

Wenn Sprache Ausdruck unserer Gedanken und unserer Gefühle ist, dann ist sie vor allem auch „Schwingung". Sie kann konstruktiv oder destruktiv sein. Anders gesagt, kann sie Missklänge hervorrufen oder Harmonie herstellen; ein Wort kann verletzen oder stärken.

Wenn Worte den Mund verlassen, bilden sie eine Brücke zu dem, der ihnen zuhört. Dasselbe gilt für geistige Kommunikation oder für die Übertragung von Gedanken. Es wird eine Verbindung etabliert, die zwischen zwei Personen oder innerhalb einer Gruppe einen Austausch erlaubt. Wie ich schon im Zusammenhang mit „Zuhören" gesagt habe, können wir durch unsere eigenen Worte, und durch die der anderen Person, den Weg zum Herzen und zu der Seele des Gesprächspartners öffnen.

Die menschliche Stimme ist also eine Verbindung zwischen sichtbaren und unsichtbaren Ebenen. Sie ist Ausdruck der Schöpferkraft von Gottes Wort. Jesus predigte das „gute Wort", und auch der Engel Gabriel wurde durch das „Wort" zum Engel der Verkündigung. Moses erlebte Erleuchtung ebenfalls durch eine

Stimme, so wie Mohammed Gottes Prophet wurde: „Es gibt keinen Gott außer Gott, und Mohammed ist sein Prophet".

Die Bedeutung von Sprache wird uns auch durch die Geschichte über den Turmbau zu Babel und durch Hunderte von anderen verdeutlicht. Man müsste viele Bücher schreiben, um all die traditionellen, religiösen und kulturellen Hinweise auf Sprache, Stimme und Wörter zu dokumentieren.

Zahlreiche Tradionen beziehen sich indirekt auf das heilige Wort als Ausdruck göttlicher Gedanken. Das Wort, das verlorene Wort, die Sprache der Götter, Logos, Ptah, die Parabel (das französische Wort „parole" für „Wort" stammt aus der gleichen Wurzel). Auch das „gute Wort" und viele andere Ausdrücke deuten auf diese Verbindung zwischen Gott und Menschheit hin.

Die Stimme kann die schönste Musik sein, und Gesänge, primitive, urtümliche oder religiöse, dienten schon immer der Kommunikation zwischen Menschen und waren Ausdruck ihrer Seele. Darum berühren sie uns so sehr, steigern unsere Freude oder stürzen uns in Traurigkeit.

Was Gefühle angeht, so können wir spüren, ob jemand ruhig ist, in Sorge oder verärgert, allein durch den Klang und den Ausdruck seiner Stimme. Denn sie erzeugt Schwingungsenergie in der Atmosphäre, welche Gedanken und Gefühle genau überträgt. Wenn jemand ärgerlich ist, dann stört seine Art zu sprechen seine unmittelbare Umgebung. Denn die negativen Schwingungen erreichen auch die Anwesenden, die dann möglicherweise ihrerseits irritiert und angespannt reagieren.

Umgekehrt kann eine ruhige Person, die angenehm und positiv gestimmt ist, eine schlechte Atmosphäre allein durch Sprechen verändern und Harmonie wiederherstellen. Es ist nichts Ungewöhnliches, dass ein Neuankömmling fühlt, ob im Raum zuvor Streit stattgefunden hat, ob geschimpft wurde, ob jemand ausgenutzt wurde, oder ob große Sorge vorherrschte. Das Zimmer selbst, die Wände und die Möbel sind vorübergehend oder auf Dauer von diesen unguten Schwingungen imprägniert. Dasselbe gilt natürlich für sehr positive Räume, wo immer Freude und Ruhe herrschen.

Da wir einen freien Willen haben, können wir Sprache, also Worte, entweder konstruktiv oder destruktiv einsetzen. Es muss ganz klar sein: Wir sollten Worte nur in positivem Sinne benutzen, denn sonst unterstützen wir Denkformen, die negativ sind und die daher nicht zu unserem physischen und psychischen Wohlbefinden beitragen, aber auch nicht zu dem unserer Zuhörer.

Wenn wir unseren Planeten als eine lebendige Einheit betrachten, können wir sagen, dass unliebenswürdige Worte, genau wie unfreundliche Gedanken, seine Aura vergiften, wodurch negative Schwingungen entstehen, die wie ein Bumerang zu uns zurückkehren. Leider ist unser Verhalten oft weit von idealem Denken, Tun und Reden entfernt. Zu oft, und ohne nachzudenken, verwenden wir ungeeignete, destruktive, harte und verletzende Worte. Im Allgemeinen äußern wir uns ungeschickt und reden zu viel. Die Kunst der Sprache besteht unter anderem darin, sich mit einem Minimum an Worten verständlich zu machen; darum sagt man auch: „Gut gedacht und gut gesprochen".

Was wir sagen, ist wichtig und reflektiert oft das, was wir denken. Es gibt allerdings die Redensart: „Worte verraten das Denken". Und manchmal, nach einer lebhaften Diskussion, einem regen Austausch von Meinungen, oder auch nach einem Streit, sagt jemand im Sinne einer Entschuldigung: „Ich habe es nicht so gemeint, wie ich es gesagt habe.“ Das klingt, als ob Mund und Zunge isoliert von unserem Denken und Fühlen funktionieren würden. Aber ist das so? Sollten wir nicht erkennen, dass sich unser Denken kurz befreit hat, wie aus einem Kasten, in den es eingeschlossen worden war? Als die Erregung des Augenblicks diesen kurz öffnete, wurde der Gedanke unabsichtlich geäußert.

Viele Arbeiten sind über „Worte“ geschrieben worden, über nette und über hässliche und über Kommunikation im Allgemeinen. Bei Unterhaltungen unter Freunden, oder in Interviews mit Prominenten, wird eine bestimmte Frage regelmäßig gestellt: „Was ist Ihr Lieblingswort, und welches mögen Sie am wenigsten?“ Dieser kleine Test ist sehr aufschlussreich, wenn auch nur für einen begrenzten Bereich. Was wäre denn Ihre Antwort?

Indem Sie all das Gesagte gelesen haben, ist Ihnen durch die „Worte, denen sie gelauscht haben“, sicher klar geworden, dass es wichtig ist, unsere Worte zu kontrollieren, und dass wir ernsthaft zuhören und offen sprechen müssen.

Abschließend möchte ich drei Auszüge aus heiligen Texten zur Meditation anbieten: Der erste ist aus dem Koran, der zweite aus dem Evangelium des Johannes, und der dritte reicht zurück in das Alte Ägypten.

„Ein gutes Wort ist wie ein guter Baum, dessen Wurzeln stark sind, und dessen Äste in den Himmel ragen. Mit Gottes Zustimmung trägt er Früchte zu jeder Jahreszeit. Ein schlechtes Wort ist wie ein kranker Baum, dessen Wurzeln aus dem Boden gerissen sind; er hat keinen festen Stand.“

* * *

„Im Anfang war das Wort, und das Wort war bei Gott, und Gott war das Wort. Dasselbe war im Anfang bei Gott. Alle Dinge sind durch dasselbe gemacht, und ohne dasselbe ist nichts gemacht, was gemacht ist. In ihm war das Leben, und das Leben war das Licht der Menschen. Und das Licht scheint in die Finsternis, und die Finsternis hat's nicht ergriffen."

* * *

„Ptah, der Große, ist Denken und Zunge der Götter, und Denken lässt alles, was ist, entstehen. Und die Macht von Denken und Sprechen kam von Ptah".

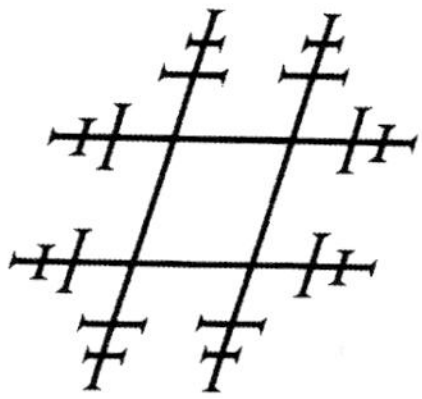

## *Auszüge aus der AMORC-Charta Tradition, Ethik, Humanismus*

*AMORC verurteilt uneingeschränkt und unmissverständlich alle Praktiken, die die menschliche Würde, die Integrität und das Recht auf Besitz verletzen. Darüber hinaus wehrt er sich gegen die Entwertung philosophischer und traditioneller Werte durch Betrüger, indem diese die öffentliche Meinung und den Staatsapparat entsprechend beeinflussen. Aus diesem Grund werden die ethischen Prinzipien des Alten und Mystischen Ordens vom Rosenkreuz in dieser Charta erneut bestätigt:*

*1. AMORC ist gesetzmäßig konstituiert und als Verein eingetragen. Er ist damit einverstanden, gegenüber der öffentlichen Autorität Rechenschaft über seine Aktivitäten abzulegen.*

*2. Er übt seine Vereinsaktivität im Bereich des eigenen Gedankenguts aus, ist friedfertig und enthält sich jeglicher Tätigkeit, die zur Beeinträchtigung der öffentlichen Ordnung oder der staatlichen Autorität führen könnte.*

*3. Er zwingt seinen Mitgliedern weder Dogmen noch persönliche Meinungen Einzelner auf und respektiert die verschiedenen religiösen und philosophischen Richtungen.*

*4. Er übt keine politische Aktivität aus, beteiligt sich nicht an solchen Diskussionen und garantiert seinen Mitgliedern diesbezüglich absolute Meinungsfreiheit.*

*5. Er verwendet keine Überzeugungs- oder Manipulationspraktiken, mit denen ein Mitglied in seinem freien Willen oder seinen persönlichen Wünschen eingeschränkt werden könnte.*

*6. Niemals zwingt er seine Mitglieder, einen Gedanken oder ein Werk eines seiner führenden Persönlichkeiten als einzige Wahrheit anzunehmen.*

*7. Jedes Mitglied ist jederzeit frei, die Organisation zu verlassen, ohne auf irgendeine Art dabei behindert zu werden.*

*8. Er widersetzt sich jeglicher Art der Rassen- oder ethnischen Diskriminierung.*

*9. Er verurteilt formell Kinderarbeit sowie jeden Verstoß gegen das Schul- und Erziehungsgesetz.*

*Es wird darauf hingewiesen, dass die gesamte Charta aus 19 Punkten besteht.*

## Universelle Schönheit

Es gibt eine Redensart: „Wenn du dir Schönheit erträumst, bleib eine Minute vor dem Spiegel stehen, fünf Minuten in Betrachtung deiner Seele und fünfzehn Minuten vor dem Angesicht deines Gottes“. Das ist eine gute, kurze Beschreibung dessen, was jedes menschliche Wesen im Auge behalten sollte. Unser wichtigstes Lebensziel sollte doch sein, der Schönheit von Gottes Schöpfung Ehre zu erweisen, und das können wir nur, wenn wir selbst schön werden. Natürlich spreche ich nicht von körperlicher Schönheit, die zahlreiche Menschen viel zu wichtig nehmen, und mit der heutzutage leider ein absurder Kult betrieben wird. Ich denke vielmehr an die Schönheit unserer inneren Werte, die, unabhängig vom Aussehen ihres körperlichen „Tempels“, jederzeit eine unzerstörbare Anziehungskraft ausstrahlen können.

Entsprechend sollte „Hässlichkeit“ nicht als Fehlen physischer Schönheit verstanden werden, sondern als Ausdruck eines großen Mangels an Spiritualität. Eine Glühbirne gilt uns vor allem durch ihre Leuchtkraft als „schön“, so edel Form und Qualität ihres Glaskörpers auch sein mögen. Dasselbe gilt für Menschen: Solange jemand sein inneres „Licht unter den Scheffel“ stellt, bleibt er Gefangener seines Körpers und kann höchstens, wie dünnes Furnier, eine modische, äußere Ansehnlichkeit herstellen.

Allein die Mystik kann uns die Kraft geben, unsere Spiritualität zu entschleiern und die Tugenden unserer Seele freizusetzen. Lassen Sie uns „Wahrheit“ als Beispiel nehmen. Es gibt keinen schlimmeren Fehler, als sich der Wahrheit zu verweigern. Denn Gott ist einzig, aber Ignoranz ist die Quelle unzähliger Irrtümer. Jedes Individuum wird „schön“ durch Kenntnis des eigenen

„Selbst“, und diese Selbsterkenntnis kann bis zu fernen Sternen tragen und das Geschenk göttlichen Bewusstseins vermitteln.

Wir wollen außerdem feststellen, dass im Lebensbaum nicht zufällig der Zustand des Christus-Bewusstseins durch die Sephira Tiphereth symbolisiert wird. Es gilt als Symbol menschlicher Schönheit auf Erden. Sagt man nicht, dass Meister Jesus auf Erden erschien, um uns zu zeigen, was göttliche Schönheit ist?

Lassen Sie uns das „Schöne“ nachahmen, das Meister Jesus zu seiner Aufgabe motiviert hat und das seinen Absichten und seinem Handeln innewohnte. Natürlich dürfen wir uns nicht einbilden, wir selbst seien Jesus, indem wir mit großer Selbstüberschätzung zu imitieren versuchen, was wir von ihm zu wissen glauben, und dabei doch nur unser Ego aufblähen. Es bedeutet, wir sollten mit ganzer Kraft unsere Wahrnehmung von Schönheit bei den Menschen in unserer Umgebung verbessern und auch ihnen zu einer anspruchsvolleren Vorstellung von Schönheit verhelfen, um sich zu den höheren Archetypen hin zu entwickeln.

Durch Kunst ist dieses Ziel schwer zu erreichen, denke ich, denn an diesem Punkt menschlicher Entwicklung ist sie als Ausdruck göttlicher Vollkommenheit noch zu unterentwickelt. Zwar gibt es viele Künstler, die durch Musik, Malerei, Bildhauerei und andere Kunstrichtungen Gedankengebäude von großer Reinheit und Perfektion geschaffen haben, aber für die meisten Leute sind solche Werke, soweit es Schönheit betrifft, außerhalb dessen, was sie fühlen und verstehen können. Zweifellos ist dies der Grund dafür, dass für manche ein fantasievolles Gemälde das schiere Gräuel ist, und warum andere dekadente Musik als Produkt höchster Inspiration ansehen.

Dies alles bedeutet natürlich nicht, dass es universelle Schönheit nicht gäbe. Es zeigt uns nur, dass der inkarnierte Mensch lange Zeit in seinen falschen Vorstellungen davon, was schön ist, gefangen bleibt, bevor er fähig wird, universelle Schönheit wahrzunehmen. In diesem Buch gibt es ein weiteres Kapitel mit dem Thema „Schönheit", das sich besonders mit der Schönheit in der Kunst beschäftigt.

Erst die Entwicklung zu immer höherem Bewusstsein ermöglicht es dem Menschen, Schleier zu lüften und der Größe wahrer Schönheit näher zu kommen. Bis der Mensch einen gewissen Grad an Entwicklung erreicht hat, projiziert er lediglich seine eigene Vorstellung von Schönheit in seine Umgebung. Mit anderen Worten, er sucht Schönheit mit den Augen seines Körpers, und nicht mit den Augen seiner Seele. Wir können also sagen, dass es ebenso viele Schönheits-Kriterien wie Menschen gibt, und das gilt für alle Zivilisationen und alle Gesellschaftsformen, selbst für die heutigen. Allerdings kann man beobachten, dass es bestimmte Dinge gibt, von denen jeder sagt, sie seien schön, strahlen Harmonie aus, wirken inspirierend oder vermitteln Ruhe.

So hat man zum Beispiel von einem Sonnenaufgang, einem Sonnenuntergang oder einem Sternenhimmel noch nie gehört, dass sie hässlich seien. Ganz andere Antworten bekommen Sie aber, wenn Sie verschiedene Leute über ihre Meinung zu der Schönheit irgendeines Objektes befragen. Die unterschiedlichen Vorstellungen davon, was als „schön" empfunden wird, sind das Ergebnis von Erziehung, Persönlichkeit und innerer Entwicklung der betreffenden Person. Es ist also leicht einzusehen, dass das Problem des Menschen nicht seine fehlende Empfindsamkeit gegenüber universeller Schönheit ist, sondern dass er sich in den meisten Fällen ihrer nicht bewusst ist, nicht weiß, wo er sie finden könnte, und unfähig ist, ihr durch Gedanken, Worte oder Taten Ausdruck zu verleihen.

Wie ich gerade gesagt habe, empfindet jeder Mensch die Schönheit von Naturerscheinungen. Wir sollten deshalb die Menschen in unserer Umgebung dazu anleiten, und zwar so viele wie irgend möglich, darüber nachzudenken, warum und wie der Sinn für das Schöne zustande kommt. So können wir sie mit der Zeit dazu bringen, nicht nur, wie bisher, die Schönheit von Natur und Universum wahrzunehmen, sondern ihr ganz bewusst als Darsteller und Zuschauer anzugehören. Tragen wir doch dazu bei, dass sie Lust bekommen, „Das Buch der Natur“ und „Das Buch vom Menschen“ aufzuschlagen und die Gesetze, die in ihnen selbst und in ihrer Umgebung wirken, kennenzulernen und zu verstehen!

Genau das habe ich durch die vorausgegangenen Überlegungen zu erreichen versucht. Ich hoffe, Sie werden die reine, universelle Schönheit in Ihnen und um Sie herum entdecken.

# Hommage an Harvey Spencer Lewis

Dieses Kapitel, das dem außerordentlichen Menschen Harvey Spencer Lewis gewidmet ist, schreibe ich mit Rührung und mit dem Gefühl von Dankbarkeit. Harvey Spencer Lewis war eine ganz besondere Persönlichkeit, eine Leitfigur der Rosenkreuzer, Pionier, Wegbereiter und jemand, der entschieden modern war. Er setzte auf die Zukunft und auf den „Kosmos", wie er es nannte.

Die Quelle seiner Lehre lag in der Vergangenheit und in der alten Tradition. In seinem Leben aber verhielt er sich kreativ, aktiv, dynamisch, ausdauernd und hoffnungsvoll. Seine Ideen, seine Worte, Schriften und Techniken sind von vielen Gruppen, Menschen und Autoren übernommen worden, manche haben ihn sogar dreist kopiert. Sein Leben und seine Arbeit hat er durch den Alten und Mystischen Orden vom Rosenkreuz vollkommen dem Rosenkreuzer-Ideal gewidmet.

Durch sein Leben intensiver Arbeit, mit unermüdlichem Dienst am Nächsten, endete seine Inkarnation früh, aber sein Erbe verweilte in den Herzen der Menschen, die ihn gekannt hatten, und auch in den Herzen derer, die ihm nachfolgten. Heute bewahren es alle, die den Pfad beschreiten, den er angelegt hat.

Im Jahr 1909, also vor mehr als hundert Jahren, vollendete H. S. Lewis, was er selbst „die Reise des Pilgers nach Osten" genannt hat, womit er sowohl den geographischen Osten meinte, da er in Amerika lebte, als auch den symbolischen Osten, wo an jedem Morgen die Sonne aufgeht. Der junge Mann machte sich zu dem wichtigsten Treffen seines Lebens auf. Er begegnete seinem Schicksal und trat in die erstaunliche und geheimnisvolle Geschichte der Rosenkreuzer ein.

Als er den Atlantik überquerte, um das „alte Europa“ zu besuchen, wie die Einwohner der neuen Welt es nannten, hat er da wohl vermutet, dass unter dem Schirm des Alten und Mystischen Orden des Rosenkreuzes hundert Jahre später Männer und Frauen aller Rassen und Religionen, aus allen sozialen Schichten ihm huldigen würden? Die Rosenkreuzer, die damals noch versteckt und im Geheimen wirkten, sind inzwischen dank seiner Intuition, seinem Mut und seiner Beharrlichkeit ins volle Tageslicht getreten. Sie waren in der Lage, in wenigen Jahrzehnten die Herzen und die Seelen von Tausenden, die auf der Suche nach Wissen waren, zu erleuchten.

Wir sprechen oft bei AMORC über diese außergewöhnliche Persönlichkeit. Durch seine Artikel und Zeitschriften, seine Bücher, Reden, Fotografien usw. kennen Rosenkreuzer das Leben und die Reise dieses ganz besonderen Mystikers. Eng mit seinem Namen verbunden ist natürlich der seines Sohnes, Ralph M. Lewis, der von 1939 an, vierzig Jahre lang, als Imperator für die Bruderschaft der Rosenkreuzer mit Hingabe gearbeitet und ihr gedient hat. Auf dem Pfad des Rosenkreuzes haben H. Spencer Lewis einige sehr loyale Mitstreiter begleitet. Ich denke an Peter Falcone, James Withcomb, Louis Babcok, Al Williams, Jeanne Guesdon, Martha Lewis und viele andere, die mit ihm zusammen ein Kapitel der bedeutenden Geschichte der Rosenkreuzer geschrieben haben.

Als ich noch jünger war, hatte ich die Ehre, einige von ihnen persönlich zu treffen. Ich war beeindruckt von ihrer Ausstrahlung und vor allem davon, wie absolut loyal sie waren und mit welcher Liebe und Bewunderung sie von ihrem verstorbenen Imperator, Bruder und Freund sprachen. Das Leben und Werk dieses großen Mannes waren so bedeutend, dass man sie unmöglich in wenigen Zeilen beschreiben kann. Darum möchte ich Sie ermutigen, das Buch „Harvey Spencer Lewis, ein Meister des Rosenkreuzes“ zu erwerben, falls Sie es noch nicht besitzen. (Die dt. Ausgabe befindet sich in Vorbereitung.) Dieser Titel bot sich an, denn es hätte keinen passenderen geben können.

Wenn Sie das oben genannte Buch lesen, werden Sie sehen, wie kultiviert, weise und vorausblickend Harvey Spencer Lewis gewesen ist. Deshalb hat man nicht einen einzigen Buchstaben oder die Sprache seiner Schriften verändert. Beim Lesen sollten Sie deshalb bedenken, in welcher Zeit er geschrieben hat, nämlich in der ersten Hälfte des 20. Jahrhunderts, zwischen 1916 und 1939. Damals herrschte in Europa kein friedliches Klima, und Rassismus und Nationalismus blühten. Dies war, bevor alle möglichen Bücher über Psychologie, Psychoanalyse, Wohlbefinden und Selbsterforschung auf den Markt kamen, auch vor der „Hippie-Ära“. Kurz gesagt, die Schriften entstanden vor der sogenannten „New Age“-Bewegung.

Als ich seine Schriften zusammenstellte und erneut las, ist mir einmal mehr klar geworden, was für ein außerordentlicher Mensch Harvey Spencer Lewis gewesen ist, dem so viele Fähigkeiten gegeben waren. Er war ein Großer seiner Zeit, aller Zeiten.

Das ihm gewidmete Buch ist nur ein Abbild seiner Arbeit, ein winziger Teil seiner Gedanken und Schriften. Er konnte gut schreiben und liebte es, seine Ideen mit denen zu teilen, die er seine „Brüder und Schwestern“ nannte. Zu einer Zeit, als Frauen noch nicht einmal die ihnen zustehende Anerkennung erhielten, selbst in der noch schwach entwickelten Welt der Esoterik nicht, da sprach Harvey Spencer Lewis bereits Frauen genauso an wie Männer. Für ihn, und für den Alten und Mystischen

Orden vom Rosenkreuz, befanden sich Männer und Frauen, die verschiedenen Rassen und Menschen überhaupt, ungeachtet ihres Lebenshintergrunds, in der gleichen Situation. Auch hier war er der Pionier, dem andere später nacheiferten.

Zugegeben, man kann sagen, dass seine Träume ein bisschen über das Normale hinausgingen, und dass er seine Erfahrungen und Schriften gerne in einem romantischen Licht sah. Das ist zwar wahr, aber genau deshalb lesen wir sie heute noch gern. Wie ich schon gesagt habe, ist dies auch der Grund dafür, dass es ihm gelang, die Ideen der Rosenkreuzer zu verbreiten und sie besser bekannt zu machen. Er war ein Träumer, ein Geschichtenerzähler, und er teilte gern mit anderen. Er konnte seine Zuhörer begeistern, unter denen sich manchmal skeptische Leute befanden, eingezwängt in das enge Korsett strenger religiöser Vorstellungen. Er konnte Menschen dazu bringen, zu träumen und Hoffnung zu schöpfen, und seine Worte kamen bei ihnen an.

Freilich kann man im Lichte des heutigen Wissens, der Fortschritte in der Wissenschaft, der archäologischen Entdeckungen usw., mit einem kritischen Geist, die eine oder andere Idee von Harvey Spencer Lewis zurückweisen. Auf der anderen Seite muss man ihn aber bewundern, denn viele seiner Voraussagen, die zu seiner Zeit als Spekulationen angesehen wurden, haben sich inzwischen bewahrheitet.

Mitglieder von AMORC können sich selbst von „psychischen“ Phänomenen wie Visualisation, Intuition usw. überzeugen, die in den monatlichen Monographien, welche alle Mitglieder erhalten, gelehrt werden. Sie bedienen sich dieser Prinzipien und probieren sie in verschiedenen Formen jeden Tag aus. Entweder erfreuen sie sich daran, sie einzusetzen, oder sie werfen sich selbst vor, sie nicht angewandt zu haben, da Rückschläge so hätten vermieden werden können. Natürlich wird nicht jeder immer alles glauben, was ihm beigebracht wird, und das ist auch gut so. Die Lehren der Rosenkreuzer sind keinesfalls dogmatisch, und jeder ist es sich selbst schuldig, immer vorsichtig zu sein. Wir haben uns angewöhnt zu sagen, wir sollten uns selbst als „lebende Fragezeichen" betrachten.

Wenn ich mich auf die Lehren der Rosenkreuzer beziehe, wie sie heutzutage dargeboten werden, so deshalb, weil wir sie Harvey Spencer Lewis verdanken, der sie aufgeschrieben hat. Auf seinen Wunsch werden die Schriften fortlaufend überarbeitet. Wäre er heute unter uns, würde er mit Sicherheit nicht zögern, all die Möglichkeiten der Kommunikation zu nutzen, die uns jetzt, in diesem 21. Jahrhundert, zur Verfügung stehen.

Als Imperator muss man sich oft entscheiden, welchen Kurs die Bruderschaft vom Rosenkreuz in Zukunft steuern soll. Ich muss mir über die Anpassung ihrer Regeln Gedanken machen und sicherstellen, dass ihre Aktivitäten fortgeführt werden. In solchen Zeiten, und wenn ich, angesichts besonders schwieriger Situationen, anfange zu zweifeln, dann denke ich an Harvey Spencer Lewis und frage mich: „Was hätte er getan?" Er war risikofreudig, und für AMORC setzte er sich zielstrebig ein. Daher konnte er, während der Zeitspanne, die ihm während seiner Inkarnation gewährt war, große und wundervolle Dinge visualisieren und zustande bringen. Um das Gesagte zu illustrieren, lesen Sie doch den folgenden seiner Artikel mit dem Titel „Das Dach erreichen". Sie werden dann den Geist verstehen, der ihn beseelte.

Seit seiner ersten Begegnung mit dem Rosenkreuz und seiner Initiation in Toulouse im Jahre 1909 hat Harvey Spencer Lewis insbesondere den Rosenkreuzern seinen Stempel aufgedrückt, und auch der Esoterik ganz allgemein. Ich hoffe von ganzem Herzen, dass er in den kommenden Jahrzehnten formell anerkannt werden wird, und zwar abgesehen von AMORC, dessen Struktur und seinen Mitgliedern. Er, der ein Initiierter war, Philosoph, Humanist und Imperator vom Rosenkreuz, kann meiner Dankbarkeit und der aller Rosenkreuzer gewiss sein, die in seine Fussstapfen getreten sind.

## Das Dach erreichen

von Harvey Spencer Lewis - 1932

„Vor kurzer Zeit begann ein Bauunternehmer in einem Vorort dieser Stadt, ein Haus zu bauen, und ich wollte gern wissen, welches Material für die Fundamente verwendet worden war. Ich dachte, dass man eine schönes und ansehnliches Haus auf tragfähige und sorgfältig errichtete Mauern aus Beton bauen würde. Wenig später traf ich den betreffenden Bauunternehmer anlässlich eines Mittagessens und fragte ihn nach dem Fortschritt jenes Hauses. Sehr überrascht hörte ich, dass gerade das Dach vollendet würde. „Na sowas,“, sagte ich, „da sind Sie aber schnell am Dach angekommen!“ „Ja“, antwortete er, „wissen Sie, es gibt Leute, die möchten ihr Dach nicht sehr hoch über dem Erdboden haben, und bei so einem Haus braucht es nicht viel Zeit und Anstrengung, um es vom Fundament bis zum Dach fertigzustellen“.

Ich konnte nicht umhin, über diese beinahe philosophische Bemerkung nachzudenken, denn es lag eine Menge Wahrheit darin. Zweifellos erreichen heutzutage viele Menschen in ihrem Leben deshalb keine wichtigeren Positionen, weil sie das „Dach“

zu leicht erreichen. In allen ihren Plänen, Wünschen und Vorstellungen befand sich ihr „Dach“ sehr nah über dem Estrich, und als ihr Bauwerk fertig gestellt und gedeckt war, sah man ein Gebäude, das niedrig, bescheiden und unbedeutend wirkte und wahrscheinlich überhaupt nicht das repräsentierte, was sie im Leben tatsächlich hätten auf die Beine stellen können.

Es ist wahr, man kann auch zu vage träumen, mit zu viel Ehrgeiz oder einfach zu großartig und sich das „Dach“ des geplanten Gebäudes weit außerhalb der erreichbaren Höhe vorstellen. Aber sehr selten geschieht es, dass Bauherren, die sich so verhalten, in ihrem Wunsch nach einem besonders hohen Dach keine beeindruckende Höhe erreichen. Ihnen gelingt es vielleicht nicht, ihre Projekte zu verwirklichen, aber in ihrem Bemühen, es zu schaffen, bringen sie es oft viel weiter als andere, die sich ultrakonservativ verhalten und zu vorsichtig sind.

Von diesen beiden Arten Individuen sind im großen Spiel des Lebens jene die Verlierer, die extrem konservativ oder pessimistisch sind, die sich zögerlich verhalten, skeptisch, zurückhaltend und unentschieden. Solche Menschen behindern sich selbst, und es ist selten, dass sie über ihre Grenzen hinausgehen. Andere sind sehr ehrgeizig, sie greifen nach den Sternen und denken, erst der Himmel kann ihnen Grenzen setzen, und es gibt nichts, was sie nicht erreichen könnten. Solche Menschen haben bessere Erfolgschancen und können Großes bewirken.

## Komme Deinen Verpflichtungen nach

Ich habe gehört, dass amerikanische Finanzexperten und Wirtschaftsführer der Meinung sind, dass junge Paare oder auch Einzelpersonen sich nur dann ein ansehnliches finanzielles Startkapital schaffen können, wenn sie sich hoch verschulden und anschließend ihren Verpflichtungen aus den entsprechenden Verträgen nachkommen. Sie behaupten, dass mehr Häuser von jungen Paaren angeschafft werden, welche sie finanzieren lassen mussten, als von Leuten, die zunächst gespart haben, bis sie sich ein schönes Haus leisten konnten. Wie dem auch sei, ich weiß, dass ein Mann oder eine Frau, die in ihrer Vorstellung ein großes Haus bauen oder eine Karriere vor sich sehen, und die entschlossen sind, dieses Ziel auch zu erreichen, dass diese Menschen im Allgemeinen erfolgreich sind.

Je größer der Ehrgeiz, desto größer die Begeisterung und der Wunsch, Erfolg zu haben. Je anspruchsvoller und edler das angestrebte Ziel ist, desto entschlossener geht man es an. Gewöhnliche Widerstände, die solche Leute abhalten und entmutigen, welche nur einen mittelmäßigen Platz zu erreichen suchen, bedeuten denen rein gar nichts, die große Projekte oder eine große Idee verwirklichen wollen.

## Behaupte Dich!

Kommen wir noch einmal auf das Beispiel vom Hausbau zurück. Jemand, der nur einen Bungalow mit vier Zimmern und einer Deckenhöhe von zwölf bis vierzehn Fuß errichten will, der schnell bauen möchte und nur wenig Zeit und ein begrenztes Budget zur Verfügung hat, so ein Bauherr wird sich leicht entmutigen lassen. Sollte zum Beispiel Regen einsetzen, wenn er gerade anfängt, das Fundament zu gießen, dann weicht der Boden auf. Es schüttet vielleicht tagelang, und schließlich ist sein Grundstück ein einziger Matsch. Wenn dann, nach dem Ende des Regens, Schnee fällt, die Temperatur unter Null Grad sinkt und das Wetter anschließend kalt und wolkig bleibt, dann wird er mit Sicherheit aufhören, an seinem Haus weiterzubauen.

Wenn zusätzlich noch Schwierigkeiten auftauchen sollten, geeignetes Baumaterial zu beschaffen, oder sein Geld knapp wird, dann wird er wahrscheinlich vollkommen entmutigt sein und das ganze Unternehmen abblasen.

So ein Mensch, der ein bescheidenes Bauwerk zu errichten gedenkt, rechnet damit, dass es bald fertiggestellt sein wird, so dass er darüber verfügen kann. Alles, was über Wochen oder Monate hinweg den Bau verzögert, stellt Hindernisse dar, die auch dazu führen können, dass er sein Ziel überhaupt nicht erreicht. Andererseits werden dieselben Hindernisse als völlig unbedeutend angesehen, wenn es sich um ein Bauwerk handelt, das ohnehin so geplant ist, dass Jahre bis zu seiner Fertigstellung vergehen werden. Wenn man damit rechnet, dass während der langen Bauzeit alle möglichen Umstände und Wetterbedingungen auftreten können, dann spielt eine Verzögerung von einigen Wochen oder Monaten keine große Rolle. Deshalb wird ein solcher Bauherr sich nicht besonders darüber aufregen.

Ich erinnere mich noch genau der vorausgehenden Planung, als die Entwicklung von Rosenkreuzer-Aktivitäten in Amerika für einen neuen Zyklus unter meiner Leitung anvisiert wurde. Anscheinend sollte ich nämlich selbst den größten Teil der Detailarbeiten übernehmen. Ich hätte nun lange über mögliche Verzögerungen nachdenken können, über unvermeidliche Enttäuschungen und über persönliche Probleme, mit denen ich konfrontiert werden würde. In diesem Fall hätte es leicht geschehen können, dass ich eine Organisation mit tragfähiger Basis, aber mit einem Dach knapp über dem Fundament ins Leben gerufen hätte. Stattdessen habe ich in meiner Vorstellung dem geplanten Gebäude erlaubt, bis in den Himmel zu wachsen, und sein Dach war so hoch, dass ich es von meinem Standort aus weder sehen konnte, noch wissen, wie es beschaffen war. Tatsächlich habe ich mir noch nicht einmal überlegt, ob mein Phantasiegebäude überhaupt ein Dach hatte, oder ob denn ein Dach nötig war. Denn mir schien das einzig Wichtige zu sein, das Fundament und die Mauern so solide anzulegen, dass sie viele Stockwerke tragen könnten. Mein Bauwerk sollte sich in grenzenlose Höhen erheben, und zwar so, dass man nicht seinen Einsturz befürchten musste.

Die Projekte schienen das vernünftige Maß zu überschreiten, und ich erhielt zahlreiche Warnungen mit dem Hinweis, dass ich mich mit der Arbeit an einem solchen Lebenswerk übernehmen würde oder dass ich zu wenige Hilfskräfte hätte. Man zeigte mir sorgfältig jede mögliche oder wahrscheinliche Klippe. Der Reihe nach traten im Lauf der Monate und Jahre die meisten dieser genannten Schwierigkeiten auch tatsächlich auf, jedes einzelne vorausgesagte Hindernis, und auch hundert andere, mit denen keiner gerechnet hatte, selbst die erfahrensten Handwerker nicht. Aber weil wir so enorm viel zu tun hatten, weil die Aufgabe großartig, und unser Werk in seinen Dimensionen so enorm war, kamen uns Pannen, Schwierigkeiten, Probleme und Verzögerungen ganz normal vor und bewirkten nicht, dass wir in unseren Anstrengungen nachließen.

Das heutige Gebäude (im Sinne des Ordens!) ist das Ergebnis davon, dass große Projekte durchgeführt wurden. Es ist nicht wichtig, ob dies alles während meiner Lebenszeit gelingt. Die enorme Arbeit geht mit der massiven und überwältigenden Ausbreitung immer weiter. Wir sind hoffnungslos in der Planung durcheinander geraten, und der Zustand, den wir letztlich erreichen werden, beunruhigt uns weniger als die Möglichkeit, dass unsere Fundamente, die wir so lange und sorgfältig gelegt haben, in die Brüche gehen könnten.

In Wirklichkeit haben wir das Dach nicht erreicht, und wir haben auch nicht den Ehrgeiz, dass dies schnell geschieht. Das Dach ist noch so weit über uns, dass wir nur an die Arbeit denken können, die wir auf jedem Höhenniveau zu verrichten haben, an jeden neuen Arbeitsschritt, der uns an Höhe gewinnen lässt.

Wie verschieden ist dies alles von den begrenzten, konservativen Plänen von Leuten, die immer zögern und Angst haben, wirklich Großes zu denken und durchzuführen! Tatsächlich erheben wir uns selbst nur durch grenzenlose Visionen über das Gewöhnliche, durch Ehrgeiz und durch unsere Ideale. Die Organisation der Rosenkreuzer in Amerika ist in dem aktuellen Zyklus, genauso wie in vorhergehenden Zyklen in diesem Land und in anderen Ländern, als eine Konstruktion geplant worden, die ungewöhnlich, anders und großartig ist. Die Organisation kennt keine Grenzen in Bezug auf ihre Entwicklung in die Höhe und die Realisation ihrer Ausbreitung.

Sie muss nicht nur darum kämpfen, sich den Versuchungen und dem Einfluss irdischer Dinge zu entziehen, um zu ruhmreichen Gipfeln zu gelangen, sondern sie muss, auch durch die Wolken hindurch, die sich in der Höhe über der Erde zusammenballen und die oft den Himmel verdunkeln, ihren Weg im Auge behalten. Dies bedeutet sowohl Arbeit, Opfer und Glaubensstärke, als auch Entschlossenheit, die Last des Kreuzes so weit zu tragen, bis die äußerste Höhe erreicht ist, wo dieses Kreuz aufgerichtet werden soll.

An die Adresse von Tausenden von Mitgliedern und Lesern, die ihre Freude und ihren Stolz darüber mitgeteilt haben, an einer solchen Arbeit teilhaben zu dürfen, sei mir eine Anregung erlaubt: Mögen Sie in Ihrem eigenen Leben den ganz großen geistigen Visionen unbegrenzten Raum zubilligen, um in ungeahnten Höhen den Bereich Ihrer ganz speziellen Schöpfungen zu entdecken! Auf diese Weise werden Sie die Freude erleben, über das gewöhnliche Mittelmaß hinauszuwachsen, hin zum Besonderen und Einzigartigen.

Beeilen Sie sich nicht zu sehr, das Dach der geplanten Konstruktion zu erreichen, damit sich am Ende Ihr Dach nicht zu nahe am Erdboden befindet."

# *Auszüge aus der Rosenkreuzer-Erklärung der Menschenpflichten*

*Es ist die Pflicht eines jeden Individuums, andere zu achten, unabhängig von Herkunft, Geschlecht, Religion, sozialem Status, Gemeinwesen oder anderen offensichtlich unterscheidenden Elementen.*

*Es ist die Pflicht eines jeden Individuums, die religiösen und politischen Überzeugungen anderer zu achten, solange sie nicht Menschen oder der Gesellschaft Schaden zufügen.*

*Es ist die Pflicht eines jeden Individuums, in Gedanken, Worten und Taten gütig zu sein, um in der Gesellschaft ein Agent des Friedens und ein Beispiel für andere zu sein.*

*Es ist die Pflicht eines jeden Individuums, das gesetzlich mündigen Alters und in der Verfassung ist zu arbeiten, es auch zu tun, ob zum Unterhalt seiner oder ihrer Bedürfnisse oder der Bedürfnisse seiner oder ihrer Familie, um persönlich zu wachsen oder einfach, um nicht in Untätigkeit zu versinken.*

*Es ist die Pflicht eines jeden Individuums, das verantwortlich ist, ein Kind aufzuziehen oder zu erziehen, dem Kind Mut, Toleranz, Gewaltlosigkeit, Großzügigkeit und, ganz allgemein, diejenigen Tugenden bewusst werden zu lassen, die das Kind zu einem achtbaren und verantwortlichen Erwachsenen machen.*

*Es ist die Pflicht eines jeden Individuums, die gesamte Menschheit als Familie anzusehen und sich unter allen Bedingungen und überall als ein Bürger der Welt zu verhalten. Dies bedeutet, Humanismus zur Basis der eigenen Philosophie zu machen.*

*Es ist die Pflicht eines jeden Individuums, die Natur zu achten und zu bewahren, so dass gegenwärtige und zukünftige Generationen auf allen Ebenen von ihr Nutzen haben können und die Natur als ein universales Erbe ansehen.*

*Es ist die Pflicht eines jeden Menschen, der ein Kind aufzuziehen oder zu erziehen hat, diesem Kind Werte wie Zivilcourage, Toleranz, Sanftmut und Großzügigkeit, also solche Tugenden mitzugeben, die aus ihm einen geachteten und verantwortlichen Erwachsenen werden lassen.*

## Überzeugungen der Rosenkreuzer

Während Ihres gesamten Lebens, seit Ihrer Geburt bis heute, haben Sie gelernt und dabei Ihre eigene Philosophie entwikkelt. Manche Worte, Ideen und Gefühle sind mehr die Ihren als andere. Was Kunst angeht, gibt es für den persönlichen Geschmack ein breites Spektrum, ob es sich um Musik handelt, um Malen, Bildhauern, oder auch um Kochen. Die Art zu leben, zu arbeiten, Ferien zu machen usw. unterscheidet sich erheblich von einer Gesellschaft zur anderen, von Familie zu Familie und von einer Person zur anderen. Dasselbe gilt für unsere politischen, moralischen und spirituellen Überzeugungen.

Ich schreibe diesen Artikel als Mitglied und als Oberhaupt des Alten und Mystischen Ordens vom Rosenkreuz und möchte Ihnen aus dieser Perspektive meine wichtigsten Überzeugungen weitergeben, Vorstellungen zu Mystik sowie philosophische und humanistische Überzeugungen. Insgesamt sind es sieben, aber die Liste könnte bedeutend länger sein, denn die Lehren der Rosenkreuzer sind äußerst reichhaltig.

Hier folgen also einige Überlegungen, die mir fundamental zu sein scheinen. Von ihnen ausgehend, können wir tragende Pfeiler errichten, die bis hinauf zum Himmel reichen. Wir können diskutieren, philosophieren und dabei so weit gehen, wie unser Geist es zulässt, und dann erhalten wir soviel zurück, wie unser Herz begehrt.

*Ich weiß, dass von der absoluten Intelligenz, die wir Gott nennen, die ganze Schöpfung herrührt, und dass sie einen kosmischen Plan erfüllt.*

*Ich weiß, dass der Mensch eine Seele besitzt, die aus der universalen Seele stammt, und dass er durch diese zu einem lebenden und bewussten Wesen wird.*

*Ich weiß, dass alle Menschen Blutsverwandte sind, deren gleiche Herkunft und Bestimmung die Menschheit spirituell zu einer einzigen Familie machen.*

*Ich weiß, dass die Seele im Augenblick der Geburt, beim ersten Atemzug des Kindes, inkarniert, und dass sie den Körper mit dem letzten Atemzug verlässt.*

*Ich weiß, dass der Mensch in seinem Wesen rein und fehlerfrei ist, und dass es ausschließlich Ignoranz ist, von der er befreit werden muss.*

*Ich weiß, dass die Seele unsterblich ist und dass sie den Tod des Körpers überlebt, so dass dieser nur ein Übergang ist, eine Transition zu einer anderen Form von Existenz.*

*Ich weiß, dass die Natur das Schönste und Größte ist und ein Heiligtum darstellt, denn sie ist das Abbild göttlicher Gesetze und nimmt an der kosmischen Entwicklung teil.*

Dies sind also die oben genannten sieben wichtigsten Überzeugungen, und ich würde gerne einige Bemerkungen hinzufügen.

*„Ich weiß, dass von der absoluten Intelligenz, die wir Gott nennen, die ganze Schöpfung herrührt, und dass sie einen kosmischen Plan erfüllt."*

Manche Leute sagen, Gott habe kein Aussehen, andere meinen, dass die Menschen Gottes Ebenbild seien. Wir haben alle unsere eigene Vorstellung von Gott. Aber, ganz abgesehen von unserer persönlichen Vorstellung, lassen Sie uns danach streben, mit dem Gott in unserem Innern, mit dem Gott unseres Herzens, in Harmonie zu leben. Lassen Sie uns regelmäßig an unsere göttliche Herkunft denken und uns durch Meditation und Gebet unserer Quelle zuwenden.

Vom mystischen Standpunkt aus gesehen, ist Gott die Intelligenz hinter der gesamten Schöpfung, und Ursache für alles Sichtbare und Unsichtbare darin. Zwar ist es unmöglich, Ihn, als Solchen, zu kennen, aber wir können und müssen lernen, die Gesetze, durch die Er sich im Menschen, in der Natur und im Universum manifestiert, zu respektieren. Dazu sollten wir diese Gesetze studieren, so, wie es die Rosenkreuzer durch ihre Lehren ermöglichen.

*„Ich weiß, dass der Mensch eine Seele besitzt, die aus der universalen Seele stammt, und dass er durch diese zu einem lebenden und bewussten Wesen wird."*

So, wie Sie Ihre eigene Vorstellung von Gott haben, so haben Sie Ihre Art zu fühlen, zu imaginieren oder Ihre Seele zu visualisieren, die Sie seit Ihrer ersten Inkarnation auf der irdischen Ebene belebt. Ihre Seele hat schon andere Leben gekannt, andere Gefühle, andere Freuden und andere Leiden. Ihre Seele ist nicht nur eine einzige Persönlichkeit, sondern mehrere. Wenn Sie meditieren, können sich Erinnerungen daran einstellen.

*„Ich weiß, dass alle Menschen Blutsverwandte sind, deren gleiche Herkunft und Bestimmung die Menschheit spirituell zu einer einzigen Familie machen."*

Da wir alle verwandte Seelen sind, verbinden uns sehr reale Gemeinsamkeiten. Daher können Menschen, wenn etwas Wichtiges geschieht, auch Emotionen wahrnehmen, die Tausende von Kilometern entfernt sind, und zwar sogar, ohne darüber informiert worden zu sein, ohne sich vor Ort zu befinden, und auch, ohne direkt an der Sache beteiligt zu sein. Wir alle sind Fäden im selben Stoff, und unsere Lebensmuster sind ineinander verwoben. Unser Gleichklang ist daher spirituell, menschlich und brüderlich. Wenn es also erforderlich ist, eile deinen Kameraden zu Hilfe, so schnell du kannst.

*„Ich weiß, dass die Seele im Augenblick der Geburt, beim ersten Atemzug des Kindes, inkarniert, und dass sie den Körper mit dem letzten Atemzug verlässt."*

Die Rosenkreuzer gehen also davon aus, dass die Seele bei der Geburt in den Körper des Kindes eintritt, so dass es zu einem eigenständigen Wesen wird, und nicht schon bei der Empfängnis. Auf der anderen Seite verlässt die Seele mit dem letzten Atemzug den Körper für immer, wenn der Tod eintritt. Darüber besteht Einigkeit bei allen Religionen und Traditionen.

Der Tod ist ein wichtiger Augenblick, und oft fällt es den Menschen schwer, die Erde und die ihnen Nahestehenden zu verlassen. Aber dasselbe gilt, auf einer anderen Ebene, auch für die Geburt. Maurice Maeterlink hat in seinem initiatorischen Roman „Der blaue Vogel" diesen Augenblick wunderbar beschrieben.

Da wir traditionell den Körper als den „menschlichen Tempel" bezeichnen, können wir uns den Geburtsvorgang folgendermaßen vor Augen führen: Stellen wir uns ein eindrucksvolles Gebäude vor, eines, wie sie im Alten Ägypten und Griechenland gebaut wurden. In seinem Vorhof warten Kinder. Sie sehen heiter und sorgenfrei aus, und sie bereiten sich darauf vor, von einer Welt, die sie nicht ohne Bedauern verlassen, in eine andere Welt hinüberzugehen, denn sie wissen, dass sie wiedergeboren werden müssen. Die Stunde des Abschieds ist gekommen, und sie müssen wieder ihren „Tempel" betreten, einen, der ihnen neue Erfahrungen erlauben wird, und sie müssen neue Herausforderungen durchleben. Ihre Seelen werden, während ihrer Inkarnation auf der Erde, geschützt in diesem Tempel wohnen. Vertrauensvoll treten sie die Reise an und nehmen ihre Plätze ein. Sie werden in ein weiteres Leben hineingeboren oder „wiedergeboren".

Vergessen Sie nie, dass Sie selbst ein Kind sind, das sich entwickelt!

*„Ich weiß, dass der Mensch in seinem Wesen rein und fehlerfrei ist, und, dass es ausschließlich Ignoranz ist, von der er befreit werden muss."*

Diese Reinheit zu bewahren, und die Vollkommenheit, der wir entgegengehen müssen, zu erreichen, ist eine große Aufgabe. Man sagt, dass Vollkommenheit auf dieser Welt nicht existiert, und kein Mystiker würde die Kühnheit besitzen zu behaupten, dass er sie erreicht hätte. Und doch ist sie in uns, und wir müssen jeden Tag tief in uns hineintauchen, um ihr zu begegnen. Wir haben die Fähigkeit, urteilen zu können, mitbekommen, auch Intuition, und wir können uns selbst schützen. Ohne zu glauben, wir hätten Vollkommenheit schon erreicht, und andererseits, ohne uns selbst das Recht abzusprechen, Fehler zu machen, sollten wir danach streben, unsere Fähigkeiten zu erkennen und auch die mögliche Vollkommenheit, der wir entgegengehen. In unserem Verhalten können wir ihr jeden Tag ein wenig näher kommen, und wir sollten dies auch versuchen.

Ich würde gerne über dieses Prinzip der Vollkommenheit etwas klarstellen. Eines Tages sagte ein Journalist, mit dem ich mich unterhielt, folgendes zu mir: „Wissen Sie, mir kommen immer Bedenken bei dem Begriff 'Vollkommenheit' und bei denen, die sie einfordern.“ Er bezog sich auf die Nazis und darauf, was diese die „vollkommene Rasse“ nannten. Ich hatte das Thema von dieser Seite noch nie betrachtet, aber ich denke oft an unsere Unterhaltung, und deshalb möchte ich betonen, um kein Missverständnis zwischen uns aufkommen zu lassen, dass ich vom mystischen, ja sogar utopischen Aspekt der Vollkommenheit spreche, die es zu erreichen gilt, und nicht über physische, rassische oder soziale Vollkommenheit. Dieses Prinzip ist auf einem anderen Niveau angesiedelt. Darum grübeln Sie nicht weiter, wenn Sie den Eindruck haben, dass Sie sehr weit von dem Modell des vollkommenen Menschen entfernt sind, und sehen Sie sich mit Sympathie, so, wie Sie sind. Seien Sie sich über Ihre Unzulänglichkeiten im Klaren, aber machen Sie sich auch ihre Qualitäten bewusst. Und, was für Sie selbst gilt, muss für andere genauso gelten.

Ignoranz bedeutet Abwesenheit von Wissen: weder die göttlichen Gesetze zu kennen noch die Gesetze der Natur, fehlendes Wissen über universale und spirituelle Gesetze. Auch fehlendes Wissen über Mitmenschen. Wenn dies nämlich vorhanden wäre, gäbe es mehr Toleranz. Und schließlich, die fatalste Form von Ignoranz, nämlich, sich selbst nicht zu kennen. Durch fehlendes „intellektuelles“ Wissen wird unsere Entwicklung oder ein glückliches Leben nicht behindert, aber wenn es an gesundem Menschenverstand, an Instinkt oder Intuition fehlt, dann kommt es in unserem täglichen Leben zu Störungen oder sogar zu Katastrophen. Und das gilt sowohl für materielle Dinge als auch für Beziehungen.

Wenn wir die anderen und das, was sie in allen ihren Aspekten sind, ignorieren, dann riskieren wir, dass Intoleranz, Verständnislosigkeit, Zurückweisung, Isolation und viele andere negative Gefühle sich in uns ausbreiten. Andererseits, wenn wir über unsere Mitmenschen Bescheid wissen oder versuchen, sie kennen zu lernen, dann öffnen wir verlockende Horizonte, bleiben auf ewig jung und regen unsere kreativen Kräfte an. Andere Menschen zu kennen, bedeutet teilen, geben, sich beteiligen, vereinigen und verbinden. Aber eine solche Bindung ist nur möglich, wenn sie bereits in unserem Innern stattgefunden hat, und hier kommt Selbsterkenntnis ins Spiel.

„Wer sich selbst erkennt, der erkennt das Universum und die Götter". Dieser Spruch fasst das Wissen über die Menschheit und über das Göttliche in uns zusammen. Sich selbst zu erkennen, bedeutet zunächst, sich so zu akzeptieren, wie man ist, und dann ein ehrliches Bild von sich zu malen, wobei man sich anstrengt, Schwächen zu korrigieren. Ein Spiegelbild ist sehr oft weit davon entfernt, perfekt zu sein, aber das sollte uns nicht entmutigen, ganz im Gegenteil. Wenn wir uns kennen, können wir Fortschritte machen, Tag für Tag, ohne Unterlass lernen, von einer Prüfung zur nächsten. Lassen Sie uns „Wissen" willkommen heißen und uns darum bemühen, für uns selbst, für andere und für Gott.

Weil ich vom oben Gesagten überzeugt bin, schlage ich vor, dass Sie sich gedanklich eine Seite Ihrer Persönlichkeit vornehmen, die Sie zu ändern wünschen, um damit einen weiteren Schritt in Richtung Vollkommenheit voranzukommen. Und da, durch die Vermittlung Ihres Inneren Meisters, Gott in Ihnen ist, bitten Sie Ihn, Ihnen zu helfen, und verpflichten Sie sich, alles zu tun, um Ihr Ziel zu erreichen. Bitten Sie Ihn auch um Hilfe dabei, immer wach und aufnahmefähig für alle Formen von Wissen zu sein, das Ihnen helfen könnte, eines Tages möglicherweise wirklich so weit zu kommen.

*„Ich weiß, dass die Seele unsterblich ist, und dass sie den Tod des Körpers überlebt, so dass dieser nur ein Übergang ist, eine 'Transition' zu einer anderen Form von Existenz."*

Die Unsterblichkeit der Seele ist ein universelles Prinzip, das in verschiedener Form allen Religionen und allen Traditionen eigen ist. Diese Vorstellung findet sich sowohl bei den alten Ägyptern und Griechen als auch bei den Gläubigen der heutigen Religionen, allgemein bei den Mystikern und speziell bei den Rosenkreuzern. Aus der Sicht der Mystiker ist der Tod ein Übergang, eine „Transition" aus der irdischen Welt in die spirituelle Welt. Trotzdem ändert dies nichts daran, dass die Trennung von denen, die man liebt, eine sehr schmerzhafte Prüfung ist. Dieser Übergang, den man auch als „Rückkehr" bezeichnen könnte, ist seit Urzeiten immer von Ritualen begleitet gewesen, die dem Verstorbenen helfen sollten, die Grenze zum Jenseits unter den bestmöglichen Bedingungen zu überschreiten.

*„Ich weiß, dass die Natur das Schönste und Größte ist und ein Heiligtum darstellt, denn sie ist das Abbild göttlicher Gesetze und nimmt an der kosmischen Entwicklung teil."*

Wie sollten wir wiedergeboren werden, unsere Gottähnlichkeit unter Beweis stellen, unsere Seele entfalten, mit verwandten Seelen brüderlich verkehren und der Vollkommenheit entgegengehen, wenn die Erde uns nicht länger beherbergen könnte? Wir alle haben die Pflicht, sie zu bewahren, zu respektieren und zu lieben. Lassen Sie uns aus ihrer Sicherheit eine Priorität machen und täglich daran arbeiten. Unser Planet ist nicht nur ein Meisterwerk der Schöpfung, er ist auch der „Tempel“ der Menschheit und die Grundlage unserer spirituellen Entwicklung. Darum verdient die Erde unseren größten Respekt.

Damit habe ich Ihnen einige meiner Überzeugungen mitgeteilt. Wenn Sie ihnen zustimmen, können Sie sie gerne übernehmen, aber ich möchte Sie vor allem ermutigen, Ihre eigenen Überzeugungen zu entwickeln und sie in das Buch Ihres Bewusstseins einzutragen. Vergessen Sie nicht, es regelmäßig aufzuschlagen. Wir vergessen so schnell!...

## *Text eines Plakats in den Straßen von Paris, 1623*

*„Wir, Abgeordnete des obersten Kollegiums vom Rosenkreuz, halten uns sichtbar und unsichtbar in dieser Stadt auf, und dies von Gnaden des Allmächtigen. Zu Ihm wendet sich das Herz der Gerechten. Wir zeigen und unterrichten es, wie man ohne Bücher und Zeichen in allen möglichen Sprachen in den Ländern spricht, in denen wir uns zeigen wollen, um die Menschen dort, die unsere Nächsten sind, vor Irrtum und Tod zu bewahren.*

*Sollte einer die Lust verspüren, aus reiner Neugierde zu uns zu kommen, wird es ihm nie gelingen, mit uns in Verbindung zu treten. Wenn ihn aber der eigene Wille wahrhaftig veranlasst, sich im Register unserer Fraternität einzutragen, werden wir ihn die Wahrheit unserer Versprechungen sehen lassen, denn wir verstehen es, die Gedanken der anderen zu beurteilen, so dass wir uns wahrhaftig nicht veranlasst sehen, Wohnsitz in dieser Stadt zu nehmen, weil die mit einem wirklichen Wollen verknüpften Gedanken des Lesers schon die Kraft haben, uns ihm gegenüber bekannt zu machen, und auch die Kraft, ihn uns gegenüber bekannt zu machen.“*

## Irren ist menschlich

Gewöhnlich meinen wir damit die Fehleranfälligkeit unseres Körpers, aber auch das Bewusstsein kann sich irren. Wenn wir davon ausgehen, dass sich die menschliche Seele in Richtung auf ihren Ursprung, nämlich in Richtung auf die Vollkommenheit der universalen Seele, entwickelt, dann ist es das Ziel menschlichen Bewusstseins, in seinem Inneren das Verständnis für das universale Bewusstsein zu reflektieren. Das menschliche Bewusstsein ist sterblich und wird einerseits durch die Wahrnehmung seiner Sinne beeinflusst, andererseits aber von falschen Interpretationen der Eindrücke, die von außen oder von innen darauf einwirken. Selbst sein Verstand ist seiner Funktion nach unvollkommen.

Wir wissen ja, in welchem Maße menschliches Bewusstsein anfällig für Fehler ist. Unser Körper, als irdisches Vehikel unserer Seele, ist Teil der endlichen Materie. Deshalb ist er der Unzulänglichkeit der irdischen Welt unterworfen und verhält sich häufig falsch. Für jeden Fehler unterliegen sowohl Körper als auch Bewusstsein dem Entwicklungs-Gesetz vom Karma: Beide Formen von Karma sind eng miteinander verbunden und basieren auf der allgemeinen Natur alles Seienden.

Soweit der Körper betroffen ist, verhält sich Karma, oder das „Gesetz des Ausgleichs", so, dass der Mensch lernt, die Naturgesetze zu respektieren, denen sein Körper unterliegt. Wenn diese verletzt werden, ergeben sich negative Wirkungen, die als Leiden und körperliche Krankheiten in Erscheinung treten. Für die Seele sind solche Krankheiten und Leiden Erfahrungen, durch die sie allmählich lernt, deren Ursachen in den Griff zu bekommen, und so trägt jede Art von Leid zur Entwicklung der Seele bei. Natürlich bedeutet dies nicht, dass für Entwicklung Leid unbedingt notwendig ist. Sobald wir entschlossen versuchen, mit den Gesetzen, die unseren Körper und unser Bewusstsein lenken, zusammenzuarbeiten, tragen wir zu unserem allgemeinen Wohlbefinden bei und erleben eine gewisse Ausgeglichenheit. Wir sehen also, dass wir nur dann gesund bleiben und uns auf spirituelle Ideale zu bewegen können, wenn wir diese Gesetze genau kennen.

Lassen Sie uns ein Beispiel von vielen herausgreifen: den Raucher. Wenn jemand lange Zeit stark geraucht hat, kann er nicht überrascht sein, Lungen- oder Herzerkrankungen zu entwickeln, die möglicherweise sogar tödlich sind. Das Bewusstsein unterliegt demselben Prinzip. Wenn wir während unserer Inkarnation unsere Gedanken und Gefühle nicht auf positive Dinge gerichtet haben, und wenn wir uns selbst nicht von Ignoranz befreien, dann liegen wir falsch, und zwar mit allen Konsequenzen, sowohl auf materieller als auch auf spiritueller Ebene. Allerdings halte ich es für wichtig zu betonen, dass nicht jede Prüfung automatisch karmischen Ursprungs sein muss, also nicht jedes Gesundheitsproblem oder jeder Unfall, den wir erleben.

Die Rosenkreuzer-Lehren bieten Gelegenheit, Wissen zu erwerben und Ignoranz abzubauen. Unser Inneres Selbst, also der Gott unseres Herzens, besitzt alle Eigenschaften und alle Attribute göttlicher Weisheit. Darum muss sich der Mensch dieser Weisheit öffnen und zulassen, dass sie sich durch ihn Ausdruck verleiht.

## Mit Gottes Hilfe!

Wir haben nicht alle dieselbe Vorstellung von Gott. Man könnte sogar sagen, es gibt wahrscheinlich ebenso viele Glaubensformen wie Menschen, und zwar trotz des Vorhandenseins der verschiedenen Religionen mit ihren ausgeprägten Strukturen, ihren festen Grundlagen und ihren Dogmen, die sie ohne Unterlass predigen. Aber die große Masse der Gläubigen in aller Welt hat Eines gemeinsam, nämlich das fehlende Verständnis für die göttlichen Gesetze. Dies führt bei den Menschen zu vielen unbeantworteten Fragen, auch wenn sie ihr Leben spirituell ausgerichtet haben. Wenn sie, oder einer in ihrer Umgebung, von einem Unglück betroffen sind, scheint ihr Glaube erschüttert zu werden, und dann erheben sich die folgenden Fragen: „Warum sorgt Gott nicht für meine Bedürfnisse? Warum sieht Er nicht meine Verehrung? Warum belohnt Er nicht meine Anstrengungen? Ich bin doch ein guter, tapferer und religiöser Mensch." Oder sie denken vielleicht von einem anderen: „Das hat er nicht verdient! Es ist unfair!" Diese Art zu argumentieren, findet sich erstaunlicherweise auch oft bei Nichtgläubigen. Der Widerspruch verwundert mich immer wieder, denn welche Gerechtigkeit können sie meinen, wenn nicht eine göttliche, unsichtbare? „Unfair" in Bezug auf was? Und verglichen mit wem? Und auf die Frage: „Warum er?" bin ich versucht zu antworten: „Warum *nicht* er?"

Eine Zusammenfassung dessen, was Atheisten gerne als Argument vorbringen, ist folgendes: „Falls es einen guten und mitfühlenden Gott gäbe, der über die Erde und über die Menschheit wacht, dann würde es nicht so viel Hass und Leid geben." Das kann man so sehen, und es ist nicht an mir, etwas in Frage zu stellen, das ein großer Teil der Menschheit denkt. Allerdings überrascht es mich, wenn solche Leute, die sich als „Nichtgläubige“ betrachten, in Zeiten der Not oder bei Schmerzen, doch indirekt eine göttliche Macht anerkennen, indem sie sie anrufen.

Die Gesetze, die das Universum beherrschen, bleiben dieselben, ob wir an sie glauben oder nicht. Die Sonne geht für Gläubige und für Atheisten in gleicher Weise auf. Der Tod holt den einen wie den anderen, und Sorgen und Probleme lassen niemanden aus. Dies muss auch so sein, denn Erfahrungen sind für uns genauso notwendig zum Überleben wie Nahrung. Aus jeder Unterrichtsstunde des Lebens können wir etwas mitnehmen und unsere Seele mit jeder neuen Entdeckung nähren. Wenn man uns Menschen die Erfahrungen versagen würde, wie würden wir lernen und uns weiterentwickeln können? Aus diesem Grund müssen wir danach streben, die Prüfungen und Hindernisse, die uns begegnen, philosophisch zu betrachten.

Der Unterschied zwischen einer spirituellen Person und einem sogenannten „Materialisten“ liegt darin, wie sie Prüfungen wahrnehmen und bewältigen. Meiner Ansicht nach ist es einfacher, mit Prüfungen fertig zu werden und sie zu akzeptieren, wenn wir Glauben haben. Aber, wie ich schon sagte, Glaube befreit uns nicht von den Unsicherheiten des Lebens. In manchen Situationen kann Schmerz so stark sein, dass uns das Herz bricht. Auch das gehört zur menschlichen Natur.

Monarchen, Staatsoberhäupter, hohe religiöse Würdenträger, Menschen, die wichtige Positionen mit Verantwortung für ein Land oder in der Welt innehaben - keiner wird von Sorgen verschont, selbst wenn Tausende oder sogar Millionen von Menschen für sie beten und ihnen wünschen, dass sie behütet werden mögen. Es gibt sogar Gelegenheiten, dass man ihnen spezielle Hilfe irgendeiner Art wünscht. Das ist natürlich in Ordnung, und die positiven Gedanken, die sich alle auf die betreffenden Personen konzentrieren, können nur gut für sie sein. Aber das alles wird sie nicht vor den Erfahrungen bewahren, die für ihre Entwicklung notwendig sind. Sie werden, wie jeder Mensch, lernen, verstehen und sich anpassen müssen. Es gibt keine Lebewesen, Gesellschaften, religiöse oder unternehmerische Organisationen oder Gruppen, die außerhalb der göttlichen Gesetze existieren können. Auch ein Mystiker wird nicht von Krankheiten verschont oder von der Erschöpfung durch anstrengende Arbeit.

Ähnlich geht es Menschen, die 90% ihrer Zeit dem Dienst an ihren Mitmenschen oder einer anderen nützlichen Tätigkeit widmen. Sie werden dadurch weder besonders behütet, noch können sie die Naturgesetze umgehen. Wie sehr auch ihre Seele schön und entwickelt sein mag, sie unterliegen immer noch denselben Anforderungen wie alle anderen Wesen auf diesem Planeten. Erfahrungen, auch schmerzhafte, sind notwendig für sie, und es wäre unfair, sie ihnen vorzuenthalten.

Lassen Sie uns das bekannte Beispiel von Jesus betrachten. Wurde ihm etwas erspart? Hat er nicht Erschöpfung, Körperverletzung, Demütigung und Unverständnis erfahren? Manche Leute fragen sich immer noch, ob dieser besondere Mensch tatsächlich göttlich war, und zwar mit der Begründung, dass er hätte beschützt werden müssen, wenn er wirklich göttlicher Herkunft gewesen wäre. Aber wir alle sind göttlicher Herkunft. Wir sind alle aus der großen universalen Seele hervorgegangen! Wenn Menschen glauben, dass Jesus, große spirituelle Persönlichkeiten, Philosophen, Heilige aller Art, oder sogar die großen Führungspersönlichkeiten der Menschheit ein Leben ohne Heimsuchungen gelebt hätten, oder gelebt haben sollten, dann liegen sie falsch. Sie werden von Bewunderung und Liebe für die Menschen geblendet, die sie so sehr verehren.

Warum also sollte man an Gott glauben und Ihn ehren, wenn doch jeder Mensch das Gleiche erlebt? Warum Ihn um Hilfe bitten? Der Grund ist folgender: Wenn wir mit Ihm in Harmonie leben, dann befinden wir uns auch in Einklang mit uns selbst. Das aber ist Voraussetzung, um klarzusehen und erleuchtet zu sein, zu hören und zuzuhören, wertzuschätzen und zu beobachten, nachzudenken und zu verstehen. Man sagt: „Bittet, und es wird euch gegeben." Aber keiner hat gesagt, dass wir anschließend aufhören würden, uns zu entwickeln, und dass wir über den Naturgesetzen stehen würden!

Unser Ziel sollte sein, den spirituellen Regeln des Lebens mehr Aufmerksamkeit zu schenken und über sie nachzudenken, so dass es uns leichter fällt, unsere menschliche Wesensart und die materielle Welt zu verstehen und zu akzeptieren. Wenn wir schon unsere Versuchungen und Prüfungen nicht vermeiden oder darauf bestehen können, dass Gott für uns Ausnahmen macht, dann lasst uns doch versuchen, die Lebenskraft zu mobilisieren, die in uns steckt und die um uns herum vorhanden ist. Lasst uns vergangene Belehrungen in Erinnerung rufen, Hindernisse in der Gegenwart überwinden, und lasst uns, mit diesen Erfahrungen gewappnet, Probleme der Zukunft voraussehen.

Einige philosophische und religiöse Richtungen behaupten, dass physisches Leiden notwendig für Entwicklung sei, und dass es Erlösung bedeute. Das ist unrichtig. Eine solche Denkweise entbehrt der Logik und zeigt eine Unkenntnis der Naturgesetze. Physisches Leiden kann sicherlich unsere Wahrnehmung verändern, uns helfen, Probleme, die uns unlösbar erscheinen, ins rechte Licht zu rücken, und uns möglicherweise geduldiger werden lassen. Aber es gibt überhaupt keinen Grund, Leiden zu provozieren und zu fördern, und es ist auch nicht nötig, dass sie lange dauern, damit wir verstehen. Körper und Seele gleichermaßen können von einer kurzen, unangenehmen Erfahrung ebenso viel profitieren wie von lang andauerndem Leiden.

Abschließend sei gesagt: Wenn wir die Hilfe Gottes erbitten wollen oder müssen, so müssen wir uns bewusst sein, dass diese Hilfe vielleicht nicht von jener Art und Weise sein wird, wie wir dies erhoffen. Wir können Ihn anrufen, aber Er ist frei, uns zu antworten, wie Er es will und wie Er es muss. Vergessen Sie niemals, dass Sie der Meister Ihres Schicksals sind, der Kapitän Ihrer Seele, und dass Gott der Windhauch ist, der Ihnen helfen wird, das Schiff Ihres Lebens zu einem schöneren Land zu führen. Mit Seiner Hilfe wird Ihre Überfahrt, von der Geburt bis zum Tod, angenehmer sein.

## *Auszüge aus der Positio Fraternitatis Rosae Crucis (2001)*

*(...) „Wir wünschen uns, dass es eines Tages eine repräsentative Weltegierung aller Nationen geben wird, gegenüber der die UNO lediglich ein Embryo wäre.“*

*„Wir denken, dass die extreme Rationalisierung der Wissenschaft für die Menschheit langfristig eine wirkliche Gefahr darstellt, und vielleicht sogar schon in naher Zukunft.“*

*„Unserer Meinung nach ist das Problem, das zur Zeit die Technologie darstellt, dadurch entstanden, dass sie sich viel schneller entwickelt hat als das menschliche Bewusstsein.“*

*„Wir halten es für unausweichlich, dass die großen Religionen verschwinden, und dass sich mit einem weltweiten Bewusstsein eine universelle Religion entwickeln wird.“*

*„Für uns bedeutet ‘Moral’ vor allem, dass jeder Mensch sich selbst, andere und die Umwelt respektieren sollte.“*

*„Wir denken, dass die Kunst ihre Inspiration von den natürlichen Archetypen beziehen muss, und dies bedeutet, dass sich Künstler zu diesen Archetypen hinaufbewegen, und nicht zu den gewöhnlichen Stereotypen hinunter.“*

*„Wir setzen uns für eine menschliche Bruderschaft ein, die aus jedem Menschen einen Weltbürger macht. Dazu gehört, jegli-*

*cher Diskriminierung oder Ausgrenzung, sei es aus rassischen, ethnischen, sozialen, religiösen, politischen oder irgendwelchen anderen Gründen, ein Ende zu setzen." (...)*

## Das Gebet

„O Herr des Lebens, hauche uns deine Gnade ein. Nimm uns bei der Hand und führe uns hinauf."

Richard Baxter, 17. Jahrhundert

Gebete sind Teil einer spirituellen Betätigung aus dem Wunsch heraus, die Seele zu Gott zu erheben. Formal besteht ein Gebet aus leisen oder unhörbaren Worten, und um seine Entstehung zu untersuchen, kann man, wie die Rosenkreuzer, das Gesetz des Dreiecks anwenden.

Wenn man das Gebet als Drei-Punkte-Konstruktion beschreiben will, dann ist der erste Punkt der „Wunsch", der sich als „Absicht" zeigt. Mit anderen Worten, wir sehen, dass der Begriff „Beten" einen mystischen Prozess definiert, der es ermöglicht, ein Gebet entstehen zu lassen. Dieser Vorgang, durch ein inneres Bedürfnis verursacht, stellt den ursprünglichen Impuls dar, ohne den ein Gebet nicht zustande kommt. Aber dieses „innere Bedürfnis" muss durch das „Bewusstsein" zu einem deutlicheren Eindruck verdichtet werden, so dass wir verstehen, was geschieht.

Die Intensivierung unseres Bedürfnisses zu beten offenbart die „Absicht", die damit verfolgt wird. Und wenn man diese näher betrachtet, stellt sich heraus, ob ein Gebet „echt" ist oder nicht. Die Absicht muss möglichst rein sein, begleitet von wirklich starker Empfindung, und sie muss aus vollem Herzen geäußert werden. Der Ausdruck sollte ernsthaft und schlicht sein. Wenn man so vorgeht, liefert allein das Bedürfnis zu beten den notwendigen Impuls, der das Gebet so, wie es erhofft und erdacht worden ist, entstehen lässt. In diesem Sinne ist die Affirmation zu verstehen: „Das Bedürfnis zu beten ist bereits ein Gebet."

Der zweite Punkt des Gebets-Dreiecks ist der Akt selbst, der sich in Worten und durch Worte oder Anrufungen ausdrückt. Während unser erster Punkt, Absicht oder Bedürfnis, den Anfangsimpuls darstellt, ohne den ein Gebet nicht entsteht, kann der zweite Punkt, die Anrufung, hörbar oder nur in Gedanken stattfinden. Während die „Absicht" den Betenden in eine bestimmte Richtung lenkt, sehen wir, dass die „Anrufung", je nach Bedeutung und Format, in dieselbe Richtung weist und sie noch betont. So deutet der „Inhalt" des Gebets darauf hin, dass eine enge Verbindung zu der Absicht besteht, die es inspiriert, und auch, abhängig von der inneren Stimme, eine enge Verbindung zu der Form der Anrufung, entweder in Worten oder unhörbar.

Es gibt Gebete, die ausdrücklich Dankbarkeit beinhalten oder Geständnisse oder Bitten. In Dankgebeten bekennen wir uns zur Größe Gottes und drücken unsere Dankbarkeit für empfangene Segnungen aus. Geständnisse werden üblicherweise in Form von Selbstanklagen geäußert, deren Ziel es ist, Reue zu zeigen, nachdem man gewisse moralische Ideale verletzt und dadurch die Gottheit gekränkt hat. Bittgebete dienen dazu, Gott um Hilfe zu bitten, Inspiration von Ihm zu empfangen und Seine Unterstützung usw., entweder für uns selbst oder für andere.

Besonderheiten bei Gebetsinhalten hängen also von der jeweiligen Absicht des Betenden ab, und diese Absicht bewirkt die emotionale Stärke des Gebets. So ist dies ein privater Akt, dessen Wert nur für die Seele des Betenden von Bedeutung ist. Die betreffende Person gerät dabei langsam in eine besondere Stimmung, und dies führt zu einem spirituellen Gleichklang.

An dieser Stelle kommen wir zum dritten Punkt unseres Dreiecks, nämlich dem Zustand des Betenden. Der Zustand, der im Gebet und durch das Gebet hervorgebracht wird, manifestiert sich in der Kommunion (im Sinne von Einssein). Hierfür ist der Eintritt in die Stille erforderlich. Diese mystische Einsamkeit, der zeitweilige Rückzug, ist ausschlaggebend. Für einige Augenblicke aus Zeit, Raum und von der materiellen Welt befreit, begeben wir uns in eine andere Realität, lassen wir uns in eine andere Welt führen.

Zusammenfassend kann man sagen, der Prozess des Gebets - den wir durch die drei Punkte: Wunsch, Handlung und Zustand symbolisiert haben, und der sich entsprechend durch Absicht, Anrufung und Vereinigung manifestiert - ist einfach die Erweiterung eines inneren Zustands, die sich tief im Innern der Person abspielt, wenn diese mit Ernsthaftigkeit und Glauben betet. Ich möchte mit drei Beispielen schließen, welche folgende Aspekte von Gebeten widerspiegeln: Dankbarkeit, Bekenntnis und Fürbitte.

Das erste Gebet stammt vom Heiligen Augustinus (4. Jh. n. Chr.). Es drückt Dankbarkeit aus.

„Herr, wenn ich mein Leben ansehe, denke ich, dass Du mich so behutsam und sanft geführt hast, als ob Du Dich nur mir allein gewidmet hättest. Aber wenn ich betrachte, wie Du die Welt in ganz erstaunlicher Weise gelenkt hast und immer noch lenkst, dann wundere ich mich darüber, dass Du überhaupt die Zeit hattest, auf jemanden wie mich achtzugeben."

Das zweite Gebet stammt von Zarathustra (6. Jh. v. Chr.) und spricht von echter Reue:

„Alles, was ich hätte bedenken sollen und nicht bedachte, alles, was ich hätte sagen sollen und nicht gesagt habe, alles, was ich hätte tun sollen und nicht getan habe, alles, was ich nicht hätte denken sollen und trotzdem gedacht habe, alles, was ich nicht hätte sagen sollen und trotzdem gesagt habe, alles, was ich nicht hätte tun sollen und trotzdem getan habe - für alle diese Gedanken, Worte und Taten bitte ich um Vergebung und bereue sie schmerzlich.“

Das dritte Gebet ist eine Fürbitte von großer Weisheit:

„Gott, gibt mir die Fähigkeit, Dinge zu akzeptieren, die ich nicht ändern kann, den Mut, Dinge zu ändern, wenn es mir möglich ist, und die Weisheit, zwischen beiden unterscheiden zu können.“

# Mystiker sein

In der Bezeichnung „Alter und mystischer Orden vom Rosenkreuz“ kommt das Wort ‘mystisch’ vor. Dieses Wort bedeutet nichts Eigenartiges, Merkwürdiges oder Geheimnisvolles. Es bedeutet auch keinen Zustand dauernder Ekstase. Mystiker leben nicht isoliert von der Welt und ihren Problemen, und ihnen bleiben auch menschliche Prüfungen und Unsicherheiten nicht erspart. Das Wort ‘Mystiker’ wird jedoch oft mit negativer Bedeutung verwendet und beschreibt jemanden, der zwar sanft und freundlich ist, aber insgesamt bedeutungslos, unrealistisch und ohne jede Logik, einen Träumer, der in Utopien lebt.

Das Wort ‘mystisch’ hat eine viel weitere Bedeutung. Es deutet an, dass wir die beiden Gegensätzlichkeiten unseres Wesens gleichberechtigt zu leben haben: Wir müssen gleichzeitig realistisch und idealistisch sein. Dies bedeutet, dass wir den materiellen Ereignissen Rechnung tragen müssen, ohne die grundlegenden spirituellen Hoffnungen unserer Seele zu vernachlässigen. Diese beiden Konzepte werden oft gegeneinander ausgespielt, doch es ist wichtig, dass sie miteinander funktionieren. Wir müssen ernsthaft versuchen, durch tägliche Arbeit an uns selbst diese Balance beizubehalten. Ich benutze den Ausdruck „ernsthaft versuchen“, denn es ist eine schwierige Aufgabe, angesichts unserer ausgeprägten Gewohnheiten, Reaktionsweisen und Bedürfnisse. Unsere Handlungen unterscheiden sich oft von unseren Absichten, und das Ergebnis ist nicht immer das, was wir erhofft bzw. was wir uns vorgenommen hatten.

Aber trotzdem, selbst wenn unsere Bemühungen nicht immer so nachdrücklich sind, wie sie sein sollten, müssen wir immer daran denken, dass ein Mystiker Harmonie und Ausgeglichenheit ausstrahlen sollte.

Wenn wir dem Leben als Mystiker gegenübertreten, wird uns innere Stärke verliehen, und eine dynamische Ruhe geht von uns aus, die viele Menschen wahrnehmen können. Diese Seelenstärke kommt im Allgemeinen gut an, und wird sogar bewundert. Aber diese Kraft kann auch zu Neid und Eifersucht Anlass geben und bei manchen Leuten zu Ablehnung führen. Im Allgemeinen denkt man zwar, dass nur Schönheit, Reichtum und gesellschaftlicher Erfolg negative Gefühle auslösen, aber das ist nicht der Fall. Auch innerer Frieden, Ruhe und Kraft einer Person können ausreichen, andere zu verstören. Aus diesem Grund kommt es vor, dass sogenannte „Mystiker" sogar dann unbegründeten Angriffen ausgesetzt werden, wenn ihre Lebensbedingungen keineswegs beneidenswert sind. Die Leute verstehen nicht, wie solche Menschen trotz ihrer Probleme und Schwierigkeiten eine positive Einstellung zum Leben bewahren können. Und trotz deren Missgeschicke reagieren sie eifersüchtig.

Es ist daher nicht einfach, sich wie ein Mystiker zu benehmen, aber für jemanden, der Glauben hat, persönliche Überzeugungen und ein strahlendes inneres Bewusstsein, sind die notwendigen Anstrengungen und die Schwierigkeit der Aufgabe nicht von Bedeutung. Wenn auch Ihre Gedanken oft nach innen gerichtet sind, und wenn Sie täglich meditieren und für Ihre Mitmenschen beten, sollten Sie deswegen doch nicht Kontakte mit der Gesellschaft und deren Realitäten aus Ihrem Leben ausklammern. Ganz im Gegenteil, Ihr erleuchteter Geist kann den Menschen in Ihrer Umgebung viel bringen, ob es wenige sind, oder viele.

Wenn Sie das Glück haben, durch Talent oder durch Ihren Beruf mit der Öffentlichkeit in Kontakt zu kommen, dann wird, was Sie sagen, Früchte tragen, Wort und Stimme werden dem „Göttlichen" Ausdruck verleihen.

Wo auch immer sie tätig sind, Mystiker müssen die Vereinigung von zwei Welten bewerkstelligen, der zeitgebundenen und der zeitlosen, der materiellen und der spirituellen, so dass sich der wohlbekannte Spruch bewahrheitet: „Wie oben, so unten“.

Mystiker zu sein, bedeutet zu begreifen, dass es ein Ziel gibt, dass wir uns einem höchsten Gipfel nähern, zu dem wir hingeführt werden. Die Führer sind unsere Tugenden, unter anderem Mut und Beharrlichkeit. Wenn an unserem Himmel die Wolke der Verständnislosigkeit erscheint, Angst, Zweifel und Konflikte, und, wenn unser Fortschreiten auf dem Weg bedroht wird, dann sollten wir uns wie Mystiker benehmen. Der Weg zur Erleuchtung ist hart, und manchmal ist die Versuchung, nicht weiter zu gehen, stark. Schwindel kann uns befallen, und der Nebel kann sich verdichten.

Lassen Sie uns unseren festen Willen dagegen einsetzen und unsere Augen auf den Gipfel gerichtet halten. Lassen Sie uns nicht darüber jammern, was noch vor uns liegt, sondern freuen wir uns stattdessen über die bereits zurückgelegte Reise. Was für unseren inneren Weg und unsere Entwicklung gilt, betrifft auch jeden anderen Aspekt unseres Lebens, denn, wie ich oben schon gesagt habe, die Studierenden der Mystik sind keine ätherischen Wesen, die von der Welt und der Realität abgeschnitten sind. Lassen Sie uns Mystiker sein, auf derselben Wellenlänge wie andere Leute, und lassen Sie uns, innerhalb einer echten Herzensbruderschaft, wie ein Einziger sein.

## *Auszüge aus den Lebensregeln der Rosenkreuzer*

*(...) Da du weißt, dass der Lebenssinn aller menschlichen Wesen darin besteht, sich zu vervollkommnen und besser zu werden, arbeite ständig daran, die Tugenden der Seele, die dir dein Leben gibt, zu erwecken und ihnen Ausdruck zu verleihen. Wenn du das tust, trägst du zu deiner Entwicklung bei und dienst der Bestimmung der Menschheit.*

*Höre anderen zu und sprich mit Überlegung. Wenn Du Kritik üben musst, achte darauf, dass sie konstruktiv ist. Wenn man dich zu einem Thema befragt, von dem du keine Ahnung hast, gib es bescheiden zu. Gestatte dir niemals zu lügen, Gerüchte zu verbreiten oder jemanden anzuschwärzen. Wenn du bösartige Bemerkungen über eine andere Person hörst, stimme ihnen nicht einfach zu.*

*Verhalte dich so, dass alle, die mit dir zusammen leben oder Kontakt zu dir haben, dich als Vorbild ansehen und sich wünschen, sie wären wie du. Durch die Stimme deines Gewissens geleitet, möge dein moralisches Empfinden möglichst rein sein, und dein wichtigstes Anliegen sollte immer darin bestehen, gute Gedanken zu entwickeln, Gutes zu reden und gut zu handeln.*

*Sei tolerant und wahre das Recht, anders zu sein. Benutze nie dein Urteilsvermögen, um andere zu tadeln oder zu verdammen, denn du kannst nicht ihre Gedanken lesen oder in ihr Herz schauen. Betrachte andere wohlwollend und halte dich an das Beste in ihnen. Verhalte dich großzügig gegenüber Notleidenden oder gegenüber denen, die weniger Glück haben als du selbst. Achte darauf, täglich wenigstens eine gute Tat für jemand anderen auszuführen.*

*Wenn du etwas für andere tust, gib nicht damit an, sondern danke Gott dafür, dass er dir ermöglicht hat, etwas zu ihrem Wohlergehen beizutragen. (...)*

## Der Einfluss von Nachrichtensendungen

Wir leben in einer Welt, wo die Menge an Information ständig zunimmt, immer schneller fließt und mehr und mehr an Macht gewinnt. Die Verbindungen zwischen verschiedenen Gebieten, Ländern und Kontinenten haben sich dadurch enorm verbessert, und sie sind tatsächlich ohne Grenzen. Es ist heutzutage möglich, über etwas, das gerade am anderen Ende der Welt geschehen ist, innerhalb von wenigen Minuten Bescheid zu wissen. Dies ist ein Zeichen großen Fortschritts und zeigt, dass die Menschheit, dank der Technologie, Zeit und Raum gewissermaßen im Griff hat. Allerdings - wie bei allem, was Menschen mit Hilfe von Wissenschaft hervorgebracht haben - kann etwas, das eigentlich nützlich für sie sein sollte, genau das Gegenteil bewirken. Alles hängt davon ab, auf welche Weise eine Sache verwendet wird. Wie wir alle wissen, kann menschliche Intelligenz entweder für schlechte oder für gute Ziele eingesetzt werden.

Zum Beispiel gibt es heutzutage Wissenschaftler, die sich mit Projekten zum Wohl der Menschheit beschäftigen, und andere verbringen ihre Zeit damit, zerstörerische Waffen zu entwikkeln, die den Tod bringen. Das ist die polare Veranlagung der Menschheit. Abhängig davon, welche Ideale der Mensch verfolgt und auf welche Weise er seinen freien Willen einsetzt, dient er entweder Frieden und Harmonie, oder er wird zum Gehilfen von Krieg und Verderben. Mit anderen Worten, der Mensch ist „Engel“ oder „Dämon“ in vielen Bereichen, und in gewisser Weise gehören Nachrichtensendungen in diese Kategorie.

Jeder wird zugeben müssen, dass Nachrichtensendungen sehr wirksame Meinungsbildner sind und Einfluss auf unser Verhalten haben. Leider begeben sich die „Macher“ von Nachrichten zu oft auf das Niveau, das die Leute von ihnen erwarten. Dadurch unterstützen sie Sehnsüchte und Bedürfnisse, die nicht immer konstruktiv sind. Innerhalb der Druckmedien spezialisieren sich manche Zeitungen und Zeitschriften auf eine Berichterstattung, von der die Herausgeber wissen, dass sie die öffentliche Meinung auf ihre Seite ziehen wird. Dazu verwenden sie sorgfältig ausgesuchtes Bildmaterial, um die Öffentlichkeit, wenn nötig, zu schockieren. Obwohl die Menschheit, im Vergleich zu früher, einen höheren Grad von Bewusstsein erreicht hat, gibt es eine Menge Leute, die weit mehr von den tragischen Ereignissen der Gegenwart angezogen werden als durch positives und glückliches Geschehen.

Was für die Presse gilt, gilt ebenso für die Radio-Berichterstattung, für das Internet und für alle anderen Medien. Zum Beispiel besteht im Fernsehen dieselbe Tendenz, Nachrichten zu senden, die mehr den Voyeurismus befriedigen als andere, edlere Bedürfnisse des Menschen. Mit anderen Worten, gewöhnlich werden Bilder von Elend, Gewalt und Verbrechen gesendet, ebenso wie alle möglichen Katastrophen. Und die Erfahrung lehrt leider, dass diese Art von Berichterstattung viele Zuhörer erreicht, was wiederum erklärt, warum sie so häufig in dieser Weise erfolgt. Ich habe im Rahmen dieser Überlegungen nicht die Absicht, die psychologischen Hintergründe zu analysieren, die dazu führen, dass Leute sich von dramatischen Situationen und dem Unglück anderer angezogen fühlen. Stattdessen ist es mein Ziel, auf die Gefahr von Berichterstattung aufmerksam zu machen, welche tragische Ereignisse des täglichen Lebens über die Maßen in den Vordergrund rückt. Ob wir uns dessen bewusst sind oder nicht, es führt wirklich zu geistiger „Vergiftung", wenn wir täglich mit Themen konfrontiert werden, die unsere Aufmerksamkeit auf Berichte oder Bilder von Gewalt, Hass und Konflikten richten, und ganz allgemein auf die Darstellung von Unglück in der Welt. Dieses Gift hat negative Konsequenzen: Depression, Angst, Pessimismus, Traurigkeit usw.

Natürlich ist es normal, die Menschen darüber zu informieren, was auf der Welt geschieht, denn wir brauchen Information, und uns wird gezeigt, wo menschliches Verhalten hässlich und tadelnswert ist. So werden Menschen allerdings auch dazu gebracht, nicht nur über Dinge nachzudenken, die sie persönlich betreffen, und dadurch wird ihr Mitgefühl geweckt. Deshalb sollte das Ziel von Berichterstattung sein, den Leuten stärker ins Bewusstsein zu bringen, was geschieht. Die Medien sollten die Menschen ermutigen, besser zu werden, anstatt sich auf die Mängel in der Gesellschaft und auf die Schwächen der Menschheit zu konzentrieren. Sie sollten zum Widerstand gegen Verhalten auffordern, das Krieg, Rassismus, Verbrechen und Fanatismus den Weg bahnt und all den Leidenschaften, welche das Menschengeschlecht degradieren. Wenn irgendwo eine Katastrophe geschieht, dann sollten die Medien bei der Präsentation der Neuigkeiten zu Mitgefühl und Hilfe für die Betroffenen auffordern und nicht versuchen, mit Schockbildern und -Berichten ihre Einschaltquoten um jeden Preis in die Höhe zu treiben. Wenn vornehmlich Sensationen gesendet werden, also Ereignisse, welche die Menschen über ihre Instinkte ansprechen, dann erfüllt die Berichterstattung nicht die Aufgabe, die sie wahrnehmen könnte. Durch die Art, wie höchst dramatische Ereignisse präsentiert werden, ergibt sich eine kollektive Visualisation, die Energien von der gleichen Qualität in Gang setzt. Wenn Millionen von Menschen zur gleichen Zeit auf niederschmetternde oder abwertende Nachrichten konzentriert sind, schaffen sie Unmengen von negativen Gedanken, die unmerklich Unglück oder Schmerz entstehen lassen. Diese Gedankenformen machen es auch verständlich, warum immer mehr Menschen Ängste entwickeln, da sie dem Einfluss negativer Energien, die so entstehen, ausgeliefert sind. Wenn die Verantwortlichen verstehen würden, dass es besser wäre, positive Ereignisse ins Licht zu rücken als die negativen, die in den täglichen Berichterstattungen präsentiert werden, dann würden sie es der Gesellschaft ermöglichen, sich aufzurichten und für eine bessere Zukunft zu sorgen. Dies soll nicht heißen, dass wir die dramatischen Ereignisse, denen die Menschheit täglich eine Bühne bereitet, verschweigen sollten. Es bedeutet vielmehr, dass es nicht notwendig ist, jede menschliche Schwäche und alles Unglück der Menschheit zu besprechen und zu zeigen, besonders, wenn die betreffende Information von keinerlei Nutzen für die Menschen ist, die davon erfahren.

Jeder sollte sich bemühen, den zur Zeit vorherrschenden Pessimismus in einen Optimismus zu verwandeln, der Ereignisse konsequent, aber zuversichtlich analysiert. Wenn wir also die Gelegenheit haben, mit anderen über Berichterstattung zu sprechen, sei es über lokale Nachrichten, nationale oder internationale Nachrichten, dann sollten wir immer versuchen, solche Gesichtspunkte zu betonen, die zeigen, dass sich die Welt, auch wenn es nicht so scheinen mag, auf Ideale hin entwickelt, die zunehmend immer mehr humanistisch ausgerichtet sind. Gleichzeitig sollten wir uns besinnen und positiv gestimmte Gedanken an alle aussenden, die körperlich oder seelisch leiden. Ob wir uns dessen bewusst sind oder nicht, die Macht von Gedanken ist groß. Deshalb müssen wir sie auf nützliche und konstruktive Weise nutzen.

## Schönheit in der Kunst, oder die Kunst der Schönheit

Schönheit ist mit Kunst eng verbunden und deshalb auch mit Bereichen, die der Kunst nahestehen. Wenn wir Kunstwerke, die uns zugänglich sind, betrachten, müssen wir uns von Gefühl und Wissen leiten lassen, damit wir nur solche aussuchen, die unser Bewusstsein erweitern. In verschiedener Ausprägung existiert Schönheit überall. Musik, Malerei, Bildhauerei, Tanz ebenso wie Natur und Menschenwerk können das Gefühl, Schönheit zu erleben, hervorrufen. Und wir sollten der Wahrnehmung von Schönheit mehr Bedeutung beimessen als der Kunst als solcher.

Während das Ziel von Ästhetik darin besteht, das Gefühl für Schönheit hervorzurufen, bedeutet 'Schönheit' etymologisch 'Wahrnehmung', wobei dies die Übersetzung des griechischen Wortes 'aesthetikos' ist. Daraus geht hervor, dass Schönheit schon wahrgenommen und gefühlt wird, bevor wir anfangen, über sie nachzudenken. Man kann Platon als den ersten Erforscher von Schönheit betrachten. Er dachte, dass es neben vorhandenen schönen Dingen eine absolute, spirituelle Schönheit gäbe, die allem Irdischen Schönheit zukommen lässt. Er meinte auch, dass wir universelle Schönheit, die er für eine Ausstrahlung des Göttlichen hielt, umso besser wahrnehmen und fühlen könnten, je reiner unsere Gedanken wären.

Natürlich drückt sich Schönheit nicht nur in der sichtbaren Welt aus und beschränkt sich nicht darauf, wie Dinge aussehen. Es gibt auch eine innere Schönheit, nämlich die der Seele, die den Körper durchdringt und durch ihn hindurchstrahlt. Die transzendente Natur von Schönheit kann man mit dem Impuls vergleichen, der uns allem entgegenführt, was dem Guten zugerechnet werden kann. Der große Neuplatoniker Plotin hat es wunderbar ausgedrückt. Dieser inspirierte Mystiker liebte es, Schönheit mit dem - wie er es nannte - „inneren Auge“ in Verbindung zu bringen, das sich angeblich öffnen muss, damit wir wahrnehmen, was in Dingen und Lebewesen „schön“ genannt werden kann. Er schrieb wie folgt:

„...So muß die Seele das Gesicht gewöhnen, daß es zuerst die schönen Tätigkeiten sieht, dann die schönen Werke, nicht welche die Künste schaffen, sondern die Männer, die man gut nennt. Und dann blick auf die Seele derer, die diese schönen Werke tun. Wie du der herrlichen Schönheit ansichtig werden magst, welche eine gute Seele hat? Kehre ein zu dir selbst und sieh dich an; und wenn du siehst, daß du noch nicht schön bist, so tu wie der Bildhauer, der von einer Büste, welche schön werden soll, hier etwas fortmeißelt, hier etwas ebnet, dies glättet, das klärt, bis er das schöne Antlitz an der Büste vollbracht hat: so meißle auch du fort, was unnütz, und richte, was krumm ist, das Dunkle säubere und mach es hell, und laß nicht ab, ‘an deinem Bild zu handwerken’, bis dir hervorstrahlt der göttliche Glanz der Tugend, bis du die Zucht erblickst, ‘thronend auf ihrem heiligreinen Postament’. ... Wer aber die Schau unternimmt mit einem durch Schlechtigkeit getrübten Auge, nicht gereinigt, oder kraftlos, der ist nicht Manns genug, das ganz Helle zu sehen, und sieht auch dann nichts, wenn einer ihm das, was man sehen kann, als anwesend zeigt. Man muß nämlich das Sehende dem Gesehenen verwandt und ähnlich machen, wenn man sich auf die Schau richtet; kein Auge könnte je die Sonne sehen, wäre es nicht sonnenhaft; so sieht auch keine Seele das Schöne, welche nicht schön geworden ist. Es werde also einer zuerst ganz gottähnlich und ganz schön, wer Gott und das Schöne schauen will.“ (dt. Übers.: R. Harder, in: Plotin, Ausgewählte Schriften. Stuttgart 1973, S. 142f.)

Es ist zwar wichtig, für Schönheit empfänglich zu sein und uns auf allen Ebenen an ihr zu erfreuen, aber es ist ebenso wichtig, Schönheit zu schaffen, und zwar außerhalb von Kunst. Deshalb sollten wir versuchen, in Gedanken, Worten und Werken Schönheit auszudrücken, um so unsere harmonische Verbindung zu Gott zu demonstrieren, wie wir Ihn uns vorstellen.

Je mehr jemand spirituell entwickelt ist, umso mehr ist er sich der Schönheit bewusst, und umso mehr kann er in sich und um sich herum Schönheit bewirken, indem er, zur Freude der Menschheit, eine Spur des Göttlichen auf der Erde erschafft. Zusammenfassend kann man sagen, wir sollten unser Bewusstsein für die Schönheit von Dingen kultivieren, nicht für die Dinge selbst, sondern für die Harmonie, welche sie ausstrahlen, indem sich Göttliche Schönheit durch sie manifestiert.

Sich bewusst zu machen, was schön ist, bedeutet, ein Fenster zur Göttlichen Welt zu öffnen und der Göttlichen Weisheit näher zu kommen. Es bedeutet, die universale Liebe zu erfahren, von der gesagt wird, dass sie Leben und Licht aller Dinge im Universum darstellt. Rumi sah sich veranlasst zu sagen: „Was Gott zur Rose sagte, indem Er ihre Schönheit sich entfalten ließ, sagte Er auch zu meinem Herzen, das dadurch noch hundert Mal schöner wurde.“

## Der Martinismus aus jüdisch-christlicher Sicht

Wenn Ihnen dieses Buch durch „Zufall“ in die Hände gefallen ist, und wenn Sie vom Martinismus noch nie gehört haben, dann würde ich Ihnen gerne eine kurze Einführung anbieten. Der folgende Text wurde aus einem Buch in französischer Sprache ins Englische übersetzt, das den Titel trägt: „Lumière Martiniste“, („Licht des Martinismus“). Wenn Sie die betreffende Website, oder die Website von AMORC aufrufen, können Sie ein Exemplar bei der Zentrale des Martinisten-Ordens anfordern.

„(...) Der Traditionelle Martinisten Orden ist ein Initiaten-Orden, dessen vorrangiges Ziel es ist, die jüdisch-christliche Mystik am Leben zu erhalten. Martinisten studieren die Geschichte der Menschheit, vom Augenblick ihrer Entstehung aus der unermesslichen Größe Gottes an, bis hin zu ihrem gegenwärtigen Zustand, und sie studieren auch die Verbindungen der Menschen zu Gott und zur Natur. Wie der ‘Unbekannte Philosoph’ sagt: ‘Wir können uns selbst nur in Gott erkennen und uns in Seiner Größe verstehen. ...’ Der Mensch hat den Fehler begangen, sich von Gott zu entfernen und ist in die Materie hineingefallen. Dadurch befindet er sich, bezüglich der spirituellen Welt, sozusagen ‘im Tiefschlaf’, und sein ‘innerer Tempel’ ist eine Ruine. Er muss ihn deshalb wieder aufbauen, denn obwohl der Mensch seine ursprüngliche Kraft verloren hat, bewahrt er deren Saat noch immer in sich, und er ist der einzige, der ihre Früchte zur Reife bringen kann.“

„Martinisten verwenden bei ihrer Arbeit weder übernatürliche Methoden noch Magie, denn sie halten sich an das Ideal des Unbekannten Philosophen, ‘den Geist des Menschen auf natürliche Weise zu den Dingen jenseits der Natur zu führen, die ihm zwar zustehen, aber von denen ihm vollkommen das Konzept verloren gegangen ist, entweder, weil er sie aufgegeben hat, oder weil seine Lehrer ihn falsch unterrichtet haben.' Es wäre sinnlos, hier eine intellektuelle Schulung vorzunehmen, denn 'wir müssen nicht unser Hirn bearbeiten, sondern unsere Herzen.' Martinisten benutzen für ihre Arbeit zwei Bücher: Das 'Buch der Natur' und das 'Buch vom Menschen'. Die Natur 'stellt in unserem augenblicklichen Zustand ein wahres Füllhorn dar; hier treffen alle Weisheiten der Schöpfung zusammen'. Dies bedeutet: All die göttlichen Fähigkeiten, die vom 'Höchsten Prinzip' ins Leben gerufen wurden, um der Menschheit bei ihrer Rehabilitation zu helfen, sind zu allen Zeiten in unserer unmittelbaren Nähe vorhanden. Gott hat der Natur die Symbole seiner Weisheit eingepflanzt, damit wir sie selbst entdecken. Die Natur bietet also dem Eingeweihten einen riesigen Fundus an Lehrmitteln."

Der Martinisten-Orden wurde in Frankreich gegründet und geht auf das 18. Jahrhundert zurück, eine Zeit großer politischer und ökonomischer Unruhen. Louis-Claude de Saint-Martin und seine Schriften standen am Anfang dieser Bewegung. Nach seinem Tod 1803 hielt sich der Orden bis 1888 in der Öffentlichkeit sehr zurück. Erst in diesem Jahr begannen die Martinisten ihre Aktivitäten wieder offiziell. Ihre Geschichte ist sehr ereignisreich und, wie ich denke, ist es lohnend, sich mit ihr zu beschäftigen.

Als Imperator des Alten und Mystischen Orden vom Rosenkreuz und als weltweit oberste Instanz des Traditionellen Martinisten Ordens (T.M.O.), trage ich den Titel „Oberster Großmeister". In dieser Stellung hatte ich jahrzehntelang Gelegenheit, bei Zusammenkünften, bei Heptaden und während der

Durchführung von Konventen mit den Brüdern und Schwestern des Martinisten-Ordens zu sprechen. Die Lehren der Martinisten haben ihre eigene Sprache, welche die von AMORC ergänzt, aber doch anders ist. Von den Vorträgen, die ich gehalten habe, folgt hier ein sehr allgemeiner, den ich so gekürzt und angepasst habe, dass jeder ihn lesen kann. Der Text ist daher nicht der gleiche wie der, den meine Brüder und Schwestern bei den Martinisten von mir gehört haben, aber sie werden verstehen, warum dies so ist. Anschließend an diesen Text werden Sie ein Interview lesen können, das ich im Januar 2010 einem Geschichts-Magazin gegeben habe, und damit beschließe ich diese kurze Einführung in den Traditionellen Martinisten Orden.

## Vortrag: Der Martinismus aus jüdisch-christlicher Sicht

„Viele neigen dazu zu glauben, dass der Weg der Martinisten auf die traditionellen Prinzipien des Früh-Christentums beschränkt ist. Das ist nicht ganz falsch, aber diese Sicht der Dinge ist unvollständig, weil die Grundlagen des Martinismus darin bestehen, dass die christliche „Gnosis" mit der jüdischen Mystik vereinigt wurde. Deswegen sollte ich auf bestimmte Gedanken zurückgreifen, die sowohl auf historischer Ebene als auch im Bereich der Mystik zeigen, dass der Traditionelle Martinisten Orden eine jüdisch-christliche Bewegung ist, und zwar im würdigsten Sinne dieser Bezeichnung.

Aus historischer Sicht ist es wichtig zu sehen, dass die soziopolitischen Ereignisse, die das Auftreten des Christentums ermöglichten, mit den moralischen Wertvorstellungen in Verbindung stehen, die im Judaismus bereits vorhanden waren. Es ist kein Zufall, dass dasselbe Land, Israel, die Wiege dieser beiden großen Religionen wurde. Jerusalem ist noch heute die einzige Stadt auf der Welt, wo Juden und Christen die gleiche Berechtigung für tiefreichende Bindungen an diesen Ort beanspruchen können. Darüber hinaus gilt dies auch für den Islam, da Jerusalem ebenso im Herzen der Muslime einen sehr heiligen Ort darstellt. Aus mystischer Sicht konnte der Beginn des Christentums nur in Israel stattfinden, denn zu jener Zeit gab es nur dort die menschlichen Bedingungen, die so ein Ereignis ermöglichen. Daher überrascht es nicht, dass dieses Land zwei der größten Avatare der Menschheit hervorgebracht hat: Ich meine natürlich Moses und Jesus. Die heiligen Texte berichten, dass Moses die Gesetzestafeln, den Geist der Gesetze und den Geist des Geistes der Gesetze empfing. Jesus predigte das Leben, den Weg und die Wahrheit. Wir können also feststellen, dass beide als Verkünder desselben Lichts geschickt worden waren und zum Ruhm desselben Gottes. Wenn wir ihre Lebensgeschichten vergleichen, so wie sie in den Standardwerken berichtet werden, bemerken wir, dass die meisten Experten dieser Werke eine sehr enge Beziehung zwischen diesen beiden besonderen Menschen sehen: Beide waren Begründer ethischer Systeme, die weit über die religiöse Dimension hinausgehen.

Moses wird offiziell immer häufiger als Gründer der Nation Israel angesehen, und Jesus als Philosoph, der die moralischen und gesellschaftlichen Regeln seines Vorgängers zu stärken suchte und sich darum bemühte, sie in der Gesellschaft praktisch einzuführen. Ich möchte betonen, dass die Geschichte nicht versucht, die christliche Botschaft und die Gedanken von Moses gegeneinander auszuspielen, aber genau das machen die Religionen, die zur Formulierung ihrer Grundlagen zu eigenen Interpretationen greifen. Jeder ist sich des Abgrunds bewusst, der im Lauf der Jahrhunderte zwischen jüdischen und katholischen Autoritäten ausgehoben wurde.

So wie die Dinge heute liegen, aus Gründen, denen ich nicht nachgehen muss, sehen die meisten praktizierenden Juden in Jesus nur einen Propheten unter vielen, während auf der anderen Seite Christen vergessen zu haben scheinen, dass das Alte Testament nicht nur aus der Schöpfungsgeschichte besteht. Wie auch immer, wenn wir uns auf die Werke von Autoren beziehen, die sich tiefer mit der Mystik dieser beiden Religionen beschäftigt haben, dann bemerken wir eine esoterische Verbindung zwischen Judentum und Christentum. Tatsächlich kann kein Mystiker leugnen, wie auffallend diese Verbindung ist, und wenn er es doch tun sollte, dann wird er mit seiner spirituellen Suche wahrscheinlich nicht sehr weit kommen.

Sowohl vom historischen als auch vom mystischen Standpunkt aus existiert nicht ein Altes und ein Neues Testament, sondern es gibt nur ein einziges Testament bezüglich zweier Zeitabschnitte, die nicht zueinander im Widerspruch stehen, sondern, die - ganz im Gegenteil - einander auf allen Ebenen ergänzen. Ich empfehle Ihnen, unter diesem Aspekt die Bibel zu lesen, oder sie wieder zu lesen, indem Sie sich klarmachen, dass sie aus zwei Büchern besteht, wobei das zweite Licht auf die Bedeutung des ersten wirft, und das erste die Grundlage des zweiten bildet. Um eine Analogie aus dem Martinismus zu bemühen: Die beiden Bücher der Bibel ergänzen einander gerade so, wie „Das Buch der Natur“ und „Das Buch vom Menschen“, die beide den Martinisten so wertvoll sind. Wenn Altes und Neues Testament von den Menschen so fest zusammengeschweißt worden sind, dass sie ein einziges Buch darstellen, dann soll es offenbar genau so sein.

Das Alte Testament zählt auf, wie Gottes Gebote umzusetzen sind, damit auf der Erde ein Königreich in seinem Namen und zu seinem Ruhm entstehen kann. Und so sehen wir, dass die beiden großen Bücher der Bibel eine Dualität bilden, was Gottes Wort betrifft. Diese Dualität zeigt sich deutlich, wenn wir daran denken, dass Moses selbst die Ankunft Christi angekündigt hat, und dass Jesus sehr häufig darauf hinwies, dass er nicht gekommen sei, um das Gesetz der Propheten außer Kraft zu setzen, sondern, um es zu erfüllen. Jesus ist also für das Neue Testament das, was Moses für das Alte Testament bedeutet. Beide waren von der „Großen Weißen Bruderschaft" gesandt worden, und mit dem Wissen, das sie sich in den Mysterienschulen des alten Ägypten angeeignet hatten, legten sie die Grundlagen für zwei Wege der Reintegration der Menschen, den ersten auf einer kollektiven Ebene und den zweiten auf der individuellen Ebene. Die Aufgabe von Moses war es, für die Menschheit den symbolischen Abstieg von „Ich bin" zu entschleiern, und Jesu Mission war es, den Menschen zu zeigen, welchen Weg sie gehen müssten, damit jeder zurück, hinauf in das Königreich des Vaters, finden kann, wie in der Geschichte vom verlorenen Sohn.

Es gibt Texte, die behaupten, dass Moses ein Mitglied der Essener gewesen ist, einer Gruppe, die sich auf dem Berg Sinai gegründet hatte, und, dass ihm im Tempel dieser Gemeinschaft das Gesetz offenbart wurde. In diesen Texten steht auch, dass man 587 vor Christus, als Salomons Tempel zerstört wurde, die „Heilige Lade" den Essenern im Sinai anvertraute, während die heiligen Gegenstände aus dem Tempel den Mitgliedern der Essener Bruderschaft überbracht wurden, die zur selben Zeit am Toten Meer lebten. Weiter steht in diesen Texten, dass die Essener am Toten Meer ihrer Bruderschaft den Namen „Gesellschaft des Neuen Bundes" gaben, weil sie wussten, dass einige Jahrhunderte später Meister Jesus einer von ihnen sein würde, mit der Mission, den Wechsel von einem Zyklus zum nächsten, nämlich vom Alten zum Neuen Testament, zu bewirken. Die Authentizität dieser Aussagen festzustellen, ist schwierig; es gibt allerdings traditionelle Schriften, die bestätigen, dass die beiden großen Initiaten Essener waren. In einer neueren Analyse der Schriftrollen vom Toten Meer haben einige Historiker zahlreiche Ähnlichkeiten der Texte mit mosaischen Gesetzen nachgewiesen. Beide scheinen eine gemeinsame philosophische Grundlage besessen zu haben, denn es finden sich dieselben Hinweise auf die Gegensätze des Lebens, wie sie im kabbalistischen Lebensbaum symbolisiert werden.

Dies gilt insbesondere für die Beschreibung der Essener, was den Kampf der „Söhne des Lichts“ gegen die „Söhne der Dunkelheit“ betrifft. Alles deutet also darauf hin, dass jüdische und christliche Traditionen eng miteinander verbunden waren, wenn auch nur hinsichtlich der Tatsache, dass sie einander im Denken der alten Weisheit der Essener begegneten, welche als solche im Dunkel der Vergangenheit verloren ging. Deshalb ist es einleuchtend, dass zwei mystische Strömungen, die einander so nahe stehen, sich nicht widersprechen können, und dass Leute, die das Gegenteil sagen, dies entweder aus Unwissenheit behaupten oder mit dem Wunsch, von der Wahrheit abzulenken.

Die Lehren des Traditionellen Martinisten Orden basierten immer auf der Esoterik der Bibel, also auf der Esoterik des Alten und des Neuen Testaments. Es ist ein jüdisch-christlicher, mystischer Orden, wobei diese Beschreibung im traditionellen Sinn gebraucht wird.“

Ein Blick auf bestimmte Symbole, die zu martinistischen Ritualen verwendet werden, würde ausreichen, um meine Ausführungen zu illustrieren. Aber in diesem Artikel will ich nicht darauf eingehen. Martinisten werden verstehen, was ich meine, und wenn Sie, die diese Zeilen lesen, mehr darüber wissen wollen, dann treten Sie doch dem T.M.O. bei. Aber auf eines möchte ich Sie schon jetzt aufmerksam machen, nämlich, dass viele der Symbole, die bei der Arbeit der Martinisten verwendet werden, daran erinnern sollen, dass jüdische und christliche Mystik die beiden Säulen desselben traditionellen Tempels darstellen. Auch bestimmte Worte sollen, neben Symbolen, in den Ritualen immer wieder an die jüdisch-christlichen Grundlagen des Martinismus erinnern. So wird Gott zum Beispiel als der „Große Architekt des Universums" bezeichnet, genau, wie auch die Kabbalisten Ihn zu nennen pflegten. Die Martinisten sprechen neben ihren Hinweisen auf den Gott des Alten Testaments auch vom kosmischen Christus, Jeheschuah, einer göttlichen Kraft, welche auf Erden durch Jesus verkörpert wurde. Es gibt viele Beispiele, die zeigen, dass der Martinismus sowohl jüdische als auch christliche Mystik beinhaltet. Ihnen ist zweifellos bewusst, dass die Zahl Sieben für das Alte Testament bedeutsam ist, und die Zahl Acht für das Neue Testament. Beide Zahlen spielen als Symbole bei den Martinisten eine große Rolle.

Die wichtigste Pflicht eines Martinisten ist es, sich in Gedanken, Worten und Werken ebenso tugendhaft zu zeigen wie alle Meister, die zur moralischen, kulturellen und spirituellen Entwicklung der Menschheit beigetragen haben. Zu ihren weiteren Pflichten gehört es, die Bildung einer universellen Religion zu unterstützen. So eine Religion kann sich nur dann entwickeln, wenn die Menschheit endlich versteht, dass alle großen Religionen der heutigen Zeit von einer einzigen Tradition abstammen. Ich habe mich bisher auf die eindeutige Verbindung zwischen Judentum und Christentum beschränkt, aber ich hätte genauso gut andere religiöse Strömungen zum Vergleich heranziehen können und wäre ebenso auf eine Übereinstimmung des esoterischen Gedankenguts gestoßen. Wann immer sich uns eine Gelegenheit bietet, müssen wir unbedingt darauf hinweisen, dass nur die Unwissenheit der Menschheit dafür verantwortlich ist, wenn Religionen einander bekämpfen, und dass jeder Buddhist, Moslem, Jude und Christ, wenn er wirklich den Grundgedanken seines Glaubens erkennt, Buddha, Mohammed, Moses und Jesus einfach als verschiedene Inkarnationen ansehen wird, die für verschiedene Völker, in verschiedenen Zeiträumen erschienen sind und ein und dasselbe Göttliche Wort gelehrt haben.

## Interview

„Der Traditionelle Martinisten Orden wird heute für diejenige Martinisten-Bewegung gehalten, die am meisten Dynamik entwickelt. Auf der ganzen Welt gibt es ihre Gesellschaften, deren Arbeit auf geschriebener oder gesprochener Sprache basiert, wobei jede von einem Großmeister geleitet und von Christian Bernard, dem Obersten Großmeister, präsidiert wird.

A. H.: Christian Bernard, Sie sind zurzeit der „Oberste Großmeister" des Traditionellen Martinisten Orden. Ohne näher auf die Geschichte, mit der sich diese Zeitschrift ausführlich auseinandersetzt, eingehen zu wollen - können Sie uns in wenigen Worten sagen, was T.M.O. ist?

C. B.: Definitionsgemäß ist T.M.O. eine philosophische, initiatische und traditionelle Bewegung, die auf Louis-Claude de Saint-Martin zurückgeht, einen französischen Philosophen aus dem 18. Jahrhundert. Ordensziel ist es, seine Lehren weiterzugeben. Diese kann man heutzutage auf zwei verschiedenen Wegen erhalten: Mündlich, wenn man eine Heptade oder einen Versammlungsort besucht, oder in schriftlicher Form, durch Heimstudium des Materials, das von der Zentrale des Ordens verschickt wird.

A. H.: Aber Louis-Claude de Saint-Martin hat den Martinisten-Orden nicht ins Leben gerufen, oder?

C. B.: Nein. Er unterrichtete während seines ganzen Lebens nur wenige Schüler, die er sorgfältig aussuchte. Man sagt, dass sich nach seinem Tod eine Gruppe bildete, mit dem Namen „Société des Intimes" („Vereinigung der Gefährten"). Wer dazugehörte, traf sich gelegentlich, um Schriften des „Unbekannten Philosophen" zu diskutieren und auch die von Jacob Boehme.

A. H.: Womit beschäftigen sich die Lehren der Martinisten?

C. B.: Allgemein gesprochen, nähern sie sich den wichtigen Themen der jüdisch-christlichen Tradition aus esoterischer Sichtweise. Also dem Ursprung der Schöpfung, dem Fall des Menschen, der Reintegration der Wesen, der wirklichen Mission Christi, der Wissenschaft der Zahlen, den himmlischen Symbolen, der Engelskunde usw. Die Kabbala wird ebenso studiert wie die verborgene Bedeutung des Alten Testaments, die apokryphen Gesänge und vieles mehr.

A. H.: Was meinen Sie mit „esoterischer Sichtweise"?

C. B.: Die Martinisten gehen davon aus, dass vieles im Alten und im Neuen Testament eine symbolische und allegorische Dimension besitzt. Und deshalb ist es notwendig, über eine literarische Interpretation hinauszugehen, wenn man tiefere und vielleicht verborgene Bedeutungen verstehen will. Es ist das spezielle Anliegen der Martinisten, die mystischen Wahrheiten der Bibel aufzudecken, während gleichzeitig weiterhin an Auslegung und an apokryphen Schriften gearbeitet wird.

A. H.: Können Sie uns ein Beispiel nennen?

C. B.: Nach der Schöpfungsgeschichte wurde die Welt in sechs Tagen erschaffen. Es ist jedem klar, dass dies nicht möglich ist. Gleichermaßen kann die Menschheit nicht von einem ursprünglichen Paar, wie Adam und Eva, abstammen. Diese Angaben in der Genesis folgen ontologischen, kosmologischen und kosmogonischen Gesetzen und Prinzipien, die im Martinismus erklärt werden.

A. H.: Über welchen Zeitraum erstreckt sich die Ausbildung bei den Martinisten?

C. B.: Sie geht über drei Grade, die jeweils zwei Jahre Studium beinhalten, bevor der höchste Grad mit der Bezeichnung „Cirkel der Unbekannten Philosophen" erreicht wird.

A. H.: Man sagt, dass eine Initiation bei den Martinisten Pflicht ist. Ist das wahr?

C. B.: Um ein richtiger Martinist zu werden, muss man tatsächlich in einem Tempel von einem Initiator eingeweiht werden, der selbst auch vorschriftsmäßig in den Martinismus eingeführt worden ist, und, in Richtung Vergangenheit, immer so weiter. Diese Initiation hat einen zweifachen Grund: einmal, dem Empfänger der Einweihung den geistigen Zustrom zu vermitteln, der ihn rituell zu einem Martinisten macht, und ihn außerdem auf traditionelle Weise in die Reihe der Martinisten aufzunehmen.

A. H.: Aber was bedeutet das für Martinisten, die zu Hause studieren und nicht eine Heptade oder einen Versammlungsort besuchen?

C. B.: Man kann von ihnen sagen, dass sie Zugang zu den Lehren der Martinisten haben, aber nicht wirklich Teil des Stammbaums sind. Allerdings können sie jederzeit in einem Tempel initiiert werden, wenn sie dies möchten.

A. H.: Auf den ersten Blick könnte man denken, dass die Lehren der Martinisten sehr intellektuell ausgerichtet sind. Stimmt das?

C. B.: Nun, es ist richtig, dass das Studium des Martinismus, sei es in mündlicher oder in schriftlicher Form, Nachdenken erfordert. Aber es wäre ein Fehler zu glauben, dass dieses intellektuelle Vorgehen den gesamten Martinismus ausmacht. Wir müssen lernen, den emotionalen Aspekt der besonderen „Tonart" der Martinisten zu empfinden. Wir sollten uns daran erinnern, dass Louis-Claude de Saint-Martin zu diesem Thema selbst gesagt hat: „Nicht unser Hirn müssen wir bearbeiten, sondern unser Herz". Überdies wird der Martinismus oft als der „Weg des Herzens" beschrieben, eine Formulierung, die ja Bände spricht. Man muss auch wissen, dass die Martinisten sowohl praktische als auch theoretische Lehren vermitteln. Diese enthalten viele Übungen, deren Ziel es ist, unser inneres Bewusstsein zu wecken, und dadurch unsere Empfindsamkeit dafür, was in uns und um uns herum göttlich ist, zu steigern, was natürlich voraussetzt, dass wir spirituell ausgerichtet sind.

A. H.: Muss man Jude oder Christ sein, um Martinist werden zu können?

C. B.: Nein. Der Martinismus steht jedem offen, der an jüdisch-christlicher Esoterik interessiert ist, unabhängig davon, ob er, oder sie, zur jüdischen oder zur christlichen Religion gehört. Die Erfahrung zeigt allerdings, dass Juden und Christen, die Martinisten sind, die ontologischen Grundlagen ihres eigenen Glaubens viel besser verstehen, wenn sie die Lehren des Ordens studieren.A. H.: Steht der Traditionelle Martinisten Orden auch Frauen offen?

C. B.: Selbstverständlich. Schon im 18. Jahrhundert stand der Orden Frauen offen. Das war auch zur Zeit von Papus so.

A. H.: Sind die Martinisten irgendwie politisch engagiert?

C. B.: Nein. T.M.O. ist vollkommen unpolitisch, daher gibt es unter den Mitgliedern Leute mit ganz unterschiedlichen politischen Ansichten, manchmal sogar entgegengesetzten.

A. H.: Sie sind weltweit auch oberster Leiter des Alten und Mystischen Orden vom Rosenkreuz. Warum gibt es diese doppelte Verantwortlichkeit?

C.B.: Weil AMORC seit Beginn des 20. Jahrhunderts T.M.O. unterstützt hat, und weil 90 % der Martinisten Rosenkreuzer sind. Die Großmeister von AMORC sind auch alle Großmeister des T.M.O. Mit der gemeinsamen Verantwortung für die beiden verwandten Orden können Aktivitäten in vollkommener Übereinstimmung durchgeführt werden.

A. H.: Und wie viele Rosenkreuzer sind Martinisten?

C. B.: Ungefähr 20%. Das kommt daher, dass nicht alle Rosenkreuzer unbedingt an jüdisch-christlicher Esoterik interessiert sind.

A. H.: Welche Unterschiede gibt es zwischen Martinisten und Rosenkreuzern?

C. B.: Wie ich schon sagte, beinhalten die Lehren der Martinisten jüdisch-christliche Anteile, was aber nicht heißt, dass sie religiösen Charakter haben. Die Lehren der Rosenkreuzer andererseits sind weiter gefasst und universeller in dem Sinn, dass sie von der ursprünglichen Tradition ausgehen und Inhalte aller Religionen, die existieren, oder jemals existiert haben, weitergeben. Sie können sich den Orden vom Rosenkreuz als einen Baum vorstellen, an dem der Traditionelle Martinisten Orden einen Ast darstellt.

A. H.: Gibt es Verbindungen zwischen Martinisten und Freimaurern?

C. B.: Ich bin zwar kein Freimaurer, aber, soweit ich weiß, sind bestimmte Freimaurer-Rituale den Ritualen der Martinisten sehr ähnlich. Dies lässt sich vor allem dadurch erklären, dass Martinès de Pasqually, der Initiator von Louis-Claude de Saint-Martin, Freimaurer gewesen ist.

A. H.: Gibt es für Martinisten noch andere Möglichkeiten, sich zu treffen, als anlässlich von Heptaden oder an ihren Versammlungsorten?

C. B.: Ja. T.M.O. organisiert regelmäßig regionale, nationale und internationale Konvente, so dass Martinisten verschiedener Herkunft sich treffen und zusammen arbeiten können. In dieser Hinsicht ist T.M.O. eine echte Bruderschaft.

A. H.: In einem Satz, wie würden Sie das Ideal der Martinisten definieren?

C. B.: Es ist das Ideal einer spirituellen Ritterschaft, die auf dem Wunsch basiert, Weisheit in sich selbst zu entwickeln, um eine bessere Welt entstehen zu lassen.

A. H.: Wie sehen Sie die heutige Welt als oberster Großmeister von T.M.O.?

C. B.: Ich sehe sie genauso wie als Großmeister von AMORC. Um genau zu sein, ich denke, dass die Menschheit sich von Gott entfernt hat, und dass sie, bei dieser verrückten Hetze nach materiellen Gütern, ihre Seele riskiert: Die Menschheit muss wieder zu wahrer Spiritualität zurückfinden, einer nicht-religiösen Spiritualität, die sich an der esoterischen Dreiheit von Mensch-Natur-Gott ausrichtet, so, wie Martinisten, Rosenkreuzer und andere Mystiker sie begreifen.

A. H.: Was ist denn Gott für die Martinisten?

C. B.: Sie sehen in Ihm die Intelligenz, das Bewusstsein, die Energie und die Kraft (der Name tut nichts zur Sache), die zur Schöpfung geführt haben und die sich in der Schöpfung manifestieren, und zwar nach Gesetzen, die unpersönlich, immer gleichbleibend und vollkommen sind. Das Glücklichsein, nach dem sich die ganze Menschheit sehnt, lässt sich tatsächlich durch diese Gesetze finden, wenn man sie studiert und danach lebt. Allerdings müssen sich die Menschen ihrer mehr bewusst werden und sich besser in Übereinstimmung mit ihnen verhalten...“

# Inhaltsverzeichnis

A·M·O·R·C BÜCHER

Der Verlag AMORC-Bücher hat noch viele weitere interessante Bücher in seinem Angebot, die wir Ihnen gerne empfehlen. Folgende Themenbereiche stehen dabei zur Auswahl:

...das Rosenkreuzertum
Mystisch-philosophische Lebensfragen
Geschichte und Kultur
Praktische Umsetzung
der rosenkreuzerisch-mystischen Lehren
... und noch vieles mehr.

Schreiben Sie uns! Unsere Adresse lautet:

## Besuchen Sie eine AMORC-Städtegruppe

um ein Gespräch zu führen, an einer Meditation teilzunehmen oder sich über Themen aus der Sicht der Rosenkreuzer auszutauschen. Schreiben Sie an die folgende Adresse und geben Sie an, welche der aufgeführten Städtegruppen Sie besuchen wollen. Gerne leiten wir Ihre Anschrift weiter.

AMORC *Lange Straße 69* D-76530 Baden-Baden
Tel.: 00497221-66041 * info@amorc.de
www.amorc.de

AACHEN
AUGSBURG
BADEN-BADEN
BASEL / Schweiz
BERLIN
BERN / Schweiz
BIELEFELD
BONN
BRAUNSCHWEIG
BREMEN
DORTMUND
DRESDEN
DÜSSELDORF
DUISBURG
ESSEN
FRANKFURT / Höchst
FREIBURG
FRIEDRICHSHAFEN
GRAZ / Österreich
HAMBURG
HANNOVER
HEIDELBERG
HEILBRONN
KARLSRUHE
KIEL
KLAGENFURT / Österreich
KOBLENZ
KÖLN
KULMBACH / Oberfranken
LEIPZIG
LINZ / Österreich
MÜNCHEN
MÜNSTER
NEUSTADT / Weinstraße
NÜRNBERG / FÜRTH
OSNABRÜCK
REGENSBURG
RIJEKA / Kroatien
SAARBRÜCKEN
SALZBURG / Österreich
STUTTGART
ULM / NEU ULM
VORARLBERG / Österreich
WESTERWALD / EHLSCHEID
WIEN / Österreich
WÜRZBURG
WUPPERTAL
ZAGREB / Kroatien
ZÜRICH / Schweiz

## Die Rosenkreuzer offenbaren ihre Lehren

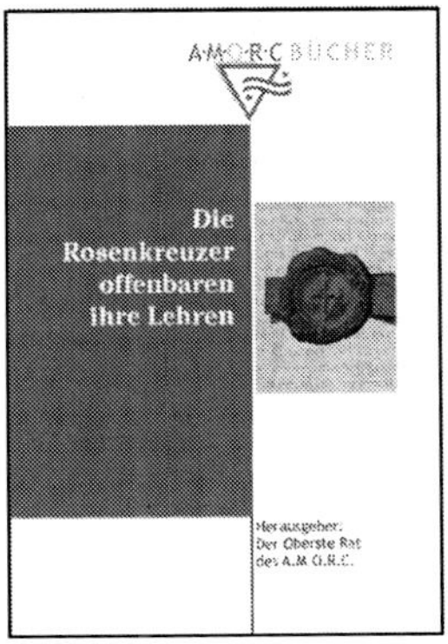


Warum dieses Buch? Wir meinen, dass die Zeit gekommen ist, aus der bisher weitgehenden Verschwiegenheit herauszutreten. Die heutigen Rosenkreuzer teilen ihre Ideale mit allen, die nach Wissen und Weisheit suchen. Den Weg zu wahrer Transformation weisen heute wie in den Anfängen der historisch zugänglichen Menschheitsgeschichte Mysterienschulen und Initiatenorden. Die Rosenkreuzer führen seit jeher auf diesen Königsweg. Themen: Materie, Bewusstsein, Leben, Gesundheit, Symbole, Psychischer Körper, u. a. Durch die vielen Übungen beginnt man, (s)ein Geheimnis zu ergründen.

Der Oberste Rat des AMORC (Hrsg.), Die Rosenkreuzer offenbaren ihre Lehren, 255 Seiten, Pb, mit zahlreichen Abbildungen, ISBN 978-3-925972-52-2, € 24,50

## AMORC Die Rosenkreuzer: Fragen und Antworten Über ihre Herkunft, ihre Ziele, ihre Philosophie

Wofür stehen die Buchstaben AMORC? Sind die Rosenkreuzer eine geheime Bruderschaft? Was sagt AMORC über Krankheit, Politik, das Wassermannzeitalter, Newage, Esoterik, Reinkarnation, den Tod, Gott und Mystik? Orden, Bruderschaft, Karma, Initiation, Meditation, was bedeuten diese Begriffe? Die Fragen wurden unter dem Gesichtspunkt ihrer Häufigkeit ausgewählt.

AMORC (Hrsg.), AMORC Die Rosenkreuzer: Fragen und Antworten. Über ihre Herkunft, ihre Ziele, ihre Philosophie, 120 Seiten, Pb. mit zahlreichen Abbildungen. 3. Auflage 2010, ISBN 978-3-925972-38-6, € 9,–

## Geschichte und Mythos der Rosenkreuzer

Die Rosenkreuzer sind eine der geheimnisvollsten westlichen Einweihungs-Gesellschaften. Da die Hauptaktivität der Rosenkreuzer geistiger Natur ist, verbleibt die Geschichte geprägt von Mythen und Legenden. Das Buch ordnet das Rosenkreuzertum in die Geschichte der Esoterik ein und liefert einen vollständigen Abriss von den Ursprüngen bis zur heutigen universalen Rosenkreuzerbewegung im Zeichen des AMORC, dem Alten und Mystischen Orden vom Rosenkreuz.

Christian Rebisse, Geschichte und Mythos der Rosenkreuzer,
448 Seiten, Pb, mit zahlreichen Abbildungen, ISBN 978-3-925972-45-4,
€ 29,80

## So möge es sein!

Christian Bernard war vor seiner Berufung zum aktuellen Präsidenten des Alten Mystischen Ordens vom Rosenkreuz, AMORC, von 1977 bis 1993 verantwortlich für die französischsprachigen Länder. Während dieser Zeit stand er zahlreichen Rosenkreuzer-Konventen vor. Bei diesen Gelegenheiten äußerte er sich zu verschiedenen Themen im Zusammenhang mit Spiritualität und Philosophie. Für dieses Buch hat er einige Vorträge aus seiner entsprechenden Sammlung ausgesucht. Dadurch soll erreicht werden, dass jeder an Mystik interessierte Sucher mehr Einblick in die Weisheit erhalten kann, die die Rosenkreuzer-Tradition vermittelt.

Christian Bernard, So möge es sein!, 190 Seiten, Pb, 2. Auflage 2011,
ISBN 978-3-925972-54-6, € 19,80